Über die Autorin

Gundula Puran Sukh Schatz beschäftigt sich seit über 25 Jahren mit Naturwissenschaften und Weisheitslehren. Nach Abschluss ihres Universitätsstudiums war sie mehr als 10 Jahre in Wirtschaft und Politik tätig.

Mit Waldzell schuf Gundula Schatz ein internationales Dialogforum zur Integration von Wissenschaft, Kunst, Wirtschaft und Spiritualität, wo sich Referenten wie Seine Heiligkeit, der Dalai Lama, Paulo Coelho, Isabel Allende, Frank Gehry, Christo und zahlreiche Nobelpreisträger mit Entscheidungsträgern aus Wirtschaft und Politik trafen.

Heute führt sie gemeinsam mit Ihrem Partner Sadhana Singh das Waldzell Leadership Institut und betreibt die Yoga Akademie YOGA VEDA mit Sitz in der Schweiz. Mit ihrer pro-bono Initiative Architects of the Future unterstützt sie seit 2005 junge Sozialunternehmer aus allen Teilen der Welt.

Gundula Puran Sukh Schatz ist Diplom-Lebensmittel- und Biotechnologin, Yogalehrerin des Kundalini-Yoga nach Yogi Bhajan sowie des integralen Yoga nach Swami Sivananda und Yogatherapeutin ausgebildet bei Guru Dharam Khalsa.

Gundula Puran Sukh Schatz

Weg des Herzens

Die Gesetze von Geist, Materie und Liebe

www.tredition.de

© 2015 Gundula Puran Sukh Schatz
Umschlag, Illustration: Dieter Telfser
Fotos Innenteil: ©2015 iStockphoto by Getty Images
Lektorat, Korrektorat: Nathalie Üstünay

Verlag: tredition GmbH, Hamburg

ISBN
Paperback   978-3-7323-4116-0 (Paperback)
Hardcover   978-3-7323-4117-7 (Hardcover)
e-Book   978-3-7323-4118-4 (e-Book)

Printed in Germany

Das Werk, einschließlich seiner Teile, ist urheberrechtlich geschützt. Jede Verwertung ist ohne Zustimmung des Verlages und des Autors unzulässig. Dies gilt insbesondere für die elektronische oder sonstige Vervielfältigung, Übersetzung, Verbreitung und öffentliche Zugänglichmachung.

Inhaltsverzeichnis

Inhaltsverzeichnis 6
Vorwort 8
Danksagung 11

Die Geistigen Gesetze 13
Einleitung 13
Das Kybalion 14
Die Hermetische Philosophie 18
Die 7 Geistigen Gesetze aus dem Kybalion 20
1. Das Gesetz der Geistigkeit 21
2. Das Gesetz der Entsprechung 36
3. Das Gesetz der Schwingung 45
4. Das Gesetz der Polarität 53
5. Das Gesetz des Rhythmus 59
6. Das Gesetz von Ursache und Wirkung 63
7. Gesetz der Geschlechtlichkeit 71

Weg des Herzens 77
Einleitung 77
Der Schlussstein der Pyramide 79
8. Gesetz der Neutralisation 80
Der neutrale Geist 88
Das Wesen der wahren Identität 90
Die Bedeutung des Jetzt 91
9. Gesetz der Liebe 92
Liebe – die Nicht-Dualität 94
Die Wissenschaft der Liebe 96
Merkmale der menschlichen Liebe 99
Merkmale der bedingungslosen Liebe 100
Der gelebte Aspekt bedingungsloser Liebe 102
Der Stein der Weisen 106
Die Magie des Herzens 108
Der Weg zur bedingungslosen Liebe 110

Ein Weg des Erwachens 114
Geist, Materie und Liebe 114
Der Kreislauf der Schöpfung 116
Weg der Mitte - Weg des Herzens – Weg der Wahrheit 119
Weg des Erwachens 121

Praxisteil **125**
Wozu eine spirituelle Praxis? 125
Wichtige Faktoren der spirituellen Praxis 126
Etappen in der spirituellen Entwicklung 130
Ort, Zeit und Dauer 131
Meditationen zum Weg des Herzens 134
1. Gesetz der Geistigkeit 134
2. Gesetz der Entsprechung 137
3. Gesetz von Ursache und Wirkung 139
4. Gesetz der Schwingung 141
5. Gesetz der Polarität 143
6. Das Gesetz des Rhythmus 145
7. Gesetz der Geschlechtlichkeit 148
8. Gesetz der Neutralisation 151
9. Gesetz der Liebe 153
Weiterführende Informationen 156
Kontakt zur Autorin..156

Literaturverzeichnis **157**

Vorwort

Lange habe ich mir überlegt dieses Buch zu veröffentlichen. Schien es mir gar zu anmaßend dem Herzstück der hermetischen Philosophie, dem Kybalion aus den legendären Smaragdtafeln, noch etwas hinzufügen zu wollen. Doch die Freude darüber, dass durch diesen Schritt das altehrwürdige und meiner Meinung nach völlig zu unrecht kaum bekannte Meisterwerk wieder etwas mehr in den Blickwinkel der Öffentlichkeit geraten könnte, bewogen mich schließlich dazu diesen Schritt zu wagen. Auch die Zeit, in der wir uns nun befinden - der Anbruch des Wassermannzeitalters - in dem nicht zuletzt das Christusbewusstsein in uns allen erwachen sollte, trug seinen Teil zu meinem Entschluss bei.

In diesem Buch beschreibe ich zwei zusätzliche Gesetze, die meinen Forschungen zufolge Teil der Geistigen Gesetze aus dem Kybalion sind, aber bis dato niemals in schriftlicher Form aufgezeichnet wurden, sondern lediglich in mündlicher Tradition vom Meister an ausgewählte Schüler weitergegeben wurden. Weil die Zeit bisher noch nicht reif dafür war, sondern dieses Wissen erst nun, im Zeitalter des Wassermanns öffentlich bekannt werden sollte. Die beiden ergänzenden Prinzipien, das 8. und 9. Gesetz, erweitern mit einer zusätzlichen Änderung der Reihenfolge an einer Stelle die Geistigen Gesetze aus dem Kybalion zu einem Weg des Erwachens. In dieser vollständigen Form beschreiben die sie in wunderschöner und sehr praktischer Weise, wie sich aus dem Geist die Materie ergießt und wie wir aus der Materie, aus dem Bewusstsein der Dualität, wieder zurück in die göttliche Einheit gelangen können.

Nun, wie kam es dazu, dass mir diese beiden „verschollenen" Gesetze bekannt wurden? Dazu muss ich ein wenig ausholen. Im Jahr 2008 wachte ich nach einem kleinen chirurgischen Eingriff nicht mehr auf und befand mich hierauf einige Wochen im Koma. Meine Überlebenschancen wurden vom behandelnden Arzt mit kaum existent eingestuft.

Doch viele „Zufälle" führten dazu, dass ich wieder erwachen sollte. Mein körperlicher Zustand war jedoch extrem schlecht und ich benötigte einige weitere Operationen, um die gravierenden Schäden des langen Komas zu beseitigen. Die Meinung der Ärzte war, dass ich aufgrund dieser Schäden wohl kaum wieder ein normales Leben führen können würde. Doch all dies belangte mich gar nicht, denn mir war klar, ich komme wieder, weil ich hier noch einen „Auftrag" habe. Und dieser wurde mir auch während meines Aufenthaltes in den anderen Ebenen des Seins mitgeteilt. Mir war klar, ich müsse nur vertrauen und die Klarheit meines Geistes sowie die Kraft der Liebe würden mich wieder heilen. Genauso kam es dann auch.

Wenige Monate nachdem ich das Krankenhaus wieder verlassen konnte und einigermaßen Kraft geschöpft hatte, begegnete mir auf einem Seminar von Eveline Stalzer, von welcher ich viel lernen durfte, eben dieses besagte Kybalion aus der hermetischen Philosophie und die in ihm beschriebenen sieben Geistigen Gesetze. Sofort spürte ich, dass ich mit diesem Thema etwas zu tun hatte. Alles, was ich hier hörte, kam mir vollkommen bekannt vor und ich fühlte eine unglaubliche Nähe, Faszination und Bewunderung für diese Gesetze.

So begann ich mich tiefer mit der Materie zu beschäftigen, las alle Bücher und Schriftstücke, die ich zu dem Thema finden konnte – viele waren es zu dieser Zeit ja noch nicht. Bei meinen Forschungen stieß ich schließlich auf einen Hinweis, dass es ursprünglich noch zwei weitere Gesetze gab, es also insgesamt neun waren und nicht sieben, die beiden fehlenden aber niemals schriftlich aufgezeichnet, sondern nur von Mund zu Mund in geheimer Tradition von Meister zu Schüler weiter gegeben wurden. Mir war augenblicklich klar, dass dies stimmte und ich diese beiden fehlenden Gesetze auffinden sollte. So kreisten meine Gedanken in den folgenden Wochen stetig um diese Frage. Ich kontemplierte und meditierte viel darüber. Bei einem Spaziergang am Meer in Griechenland fiel es mir wie Schuppen von den Augen, welche diese beiden fehlenden Gesetze sein mussten.

Wieder zu Hause schrieb ich sie sofort auf, fügte die 7 bekannten Gesetze dazu und kontemplierte abermals intensiv darüber. Dabei fiel mir auf, dass auch die ursprüngliche Reihenfolge der 7 bekannten Gesetze nicht stimmen konnte. An einer Stelle war die Abfolge vertauscht – wurde dies bewusst oder unbewusst so gemacht – ich wusste es nicht. Es war mir auch nicht sonderlich wichtig, denn so überwältigt war ich von dem, was sich nun meinen Augen bot: Die neue Reihenfolge und die beiden zusätzlichen Gesetze ergaben nicht weniger als einen Kreislauf der Schöpfung. In glasklaren, wunderschönen 9 Schritten zeigen die Geistigen Gesetze in dieser Form den Weg, wie sich aus dem göttlichen Geist die Materie (der Schöpfungsakt) ergießt und sich dann wieder aus der Materie in den göttlichen Geist zurückzieht. Wie also aus der Einheit, dem göttlichen Ursprung, die Zweiheit – aus ihr die vielen Dinge, wie es so schön im Tao geschrieben steht – und aus der Zweiheit, der Polarität, über die beiden fehlenden Gesetze wieder der Weg zurück in die Einheit vollzogen werden kann.

Noch im Taumel meiner Begeisterung und im Staunen über die Schönheit und Vollkommenheit des Schöpfungsaktes und seiner Beschreibung in den 9 Geistigen Gesetzen suchte ich Eveline Stalzer, die auch ein bekanntes Channel-Medium ist, auf und berichtete ihr von meinem Fund. Ich bat sie, mit ihren Mitteln der Einsicht in die geistigen Welten nachzuprüfen, ob dies stimmen konnte. Sie ging meiner Bitte nach und zu ihrer eigenen Verblüffung stellte sie fest, dass ich recht hatte – sowohl mit den zwei zusätzlichen Gesetzen als auch mit der Änderung in der Reihenfolge.

In den Folgejahren begann ich Seminare über dieses Thema zu halten. Nach einigen Jahren entstand dann der Wunsch in mir, dieses Wissen über die Veröffentlichung eines Buches einem größeren Kreis von Menschen zugängig zu machen. In diesen Jahren des Lehrens der Geistigen Gesetze tauchte ich auch tief in die Praxis des Kundalini Yoga nach Yogi Bhajan ein, einer über 7000jährigen spirituellen Disziplin, die ehemals Königen vorbehalten war, um sie emporzuheben und in ihrer großen Verantwortung zu unterstützen. Der reiche Schatz an präzise wirkenden und effizienten Meditationen zur Transformation des Bewusstseins, über den diese spirituelle Tradition verfügt, gab mir den Impuls, zusätzlich zu dem theoretischen Wissen über die Geistigen Gesetze in dem vorliegenden Buch auch einen praktischen Weg zur Integration ihrer inhaltlichen Aussagen in unserem Bewusstsein vorzustellen.

Die ausgewählten und im Praxisteil des Buches beschriebenen Meditationen stammen alle aus dem Kundalini Yoga nach Yogi Bhajan und führen bei täglicher Durchführung über jeweils 40, 90 bzw. 120 Tage mit wissenschaftlicher Präzision zu dem angegebenen Ergebnis.

Danksagung

Ich danke allen Lehrern, die mich bisher auf meinem Weg der spirituellen Entwicklung begleitet und damit den Weg zu diesem Buch bereitet haben. Insbesondere danke ich Eveline Stalzer, die mich erstmals in Kontakt mit dem Kybalion und den Geistigen Gesetzen brachte sowie Guru Dharam Singh Khalsa, der einer meiner ersten und wichtigsten Lehrer im Kundalini Yoga war.

Mein ganz spezieller Dank gilt meinem Lebensgefährten Sadhana Singh, der mir die letzte Ermutigung zur Veröffentlichung dieses Buches gab und mich auch sehr bei der Auswahl der Meditationen unterstützte.

In Dankbarkeit
Gundula Puran Sukh Schatz

Die Geistigen Gesetze

Einleitung

In dem Manifest „Die Vision einer Neuen Erde" habe ich mich mit dem aktuellen Erkenntnisstand der themenrelevanten modernen Wissenschaften beschäftigt und wie sich die wissenschaftlich-materielle Weltsicht mit einem spirituellen Weltbild vereinbaren lassen kann. Diese Frage ist von höchster Wichtigkeit, um unsere Lebensziele auf persönlicher und gesellschaftlicher Ebene dem aktuellen Wissens- und Bewusstseinsstand anpassen und damit einen Weg aus den zahlreichen Problemen finden zu können, mit denen wir gegenwärtig konfrontiert sind.

Bislang galt es, dass es zwischen dem Weltbild der Wissenschaften und einem spirituellen Weltbild keine Vereinigung gibt und geben kann. So blieb uns nichts anderes übrig, als uns für einen der beiden Wege zu entscheiden. Doch wie erging bzw. ergeht es uns in dieser Zerrissenheit? Tagsüber im beruflichen Umfeld mimen wir den vernünftigen Realisten, für den nur harte Fakten zählen. Abends, im Kreise unserer Familie, erkennen wir, dass das größte Geschenk im Leben der Zauber der Liebe ist, überkommt uns, wenn wir nachts den Himmel betrachten, das Gefühl einer unendlichen Weite, die uns unweigerlich in ihren Bann zieht und unsere Alltagsprobleme, die uns tagsüber fest in ihrem Würgegriff haben, weit zurück zu stellen vermag.

Dann passiert irgendeinmal im Leben das Besondere – wir machen eine Erfahrung, die „nicht von dieser Welt" sein kann, ein Erlebnis, das wir im allgemeinen Sprachgebrauch als übersinnlich bezeichnen, da es nicht auf Grundlage unserer fünf Sinne beruht. Wenn wir den Mut haben, uns dieser Erfahrung zu stellen und sie nicht am nächsten Tag einfach wieder zu verdrängen, passt sie doch so überhaupt nicht in unser sonst so geordnetes Leben, spätestens dann stellt sich mit unleugbarer Macht die Frage nach der Vereinbarkeit von Wissenschaft und Spiritualität – von unserer materiellen und spirituellen Natur.

Doch wo finden wir Anhaltspunkte, die uns aus diesem Zwiespalt zu retten vermögen? Wo können wir uns hinwenden? Wer kann uns Rat geben? Wonach suchen wir überhaupt? Was ist der Kern unseres Gefühls der Zerrissenheit, welches tiefe Unbehagen nagt da in uns? Viele Jahre meines Lebens war ich auf der Suche nach dem, was ich suchte. Zahlreiche Lehren, Weisheiten, Meinungen hörte ich mir an, versammelte die weisesten und wissendsten Menschen der Welt um mich und erkannte dabei immer mehr, dass alle letztlich nach dem Gleichen suchen. Und schließlich fiel mir bei meiner Suche nach dem verlorenen „Stein der Weisen" ein unscheinbares, kleines Büchlein in die Hände. Davon möchte ich im Folgenden berichten.

Das Kybalion

„Alle Grundlagen der esoterischen Lehren jeder Rasse können auf Hermes zurückgeführt werden. Sogar die ältesten Lehren Indiens wurzeln ohne Zweifel in den ursprünglichen Lehren des Hermes. Vom Land des Ganges wanderten viele vorgeschrittene Okkultisten nach Ägypten und saßen dort zu Füßen des Meisters. Von ihm erhielten sie den Meister-Schlüssel, welcher ihre voneinander abweichenden Ansichten erklärte und versöhnte. .... Der Student der vergleichenden Religionswissenschaft kann den Einfluss der hermetischen Lehre in jeder Religion, die diesen Namen verdient, feststellen. In allen heute den Menschen bekannten Religionen - sei es eine tote oder eine lebende unserer Tage - gibt es trotz der Widersprüche gewisse Übereinstimmungen. Die hermetischen Lehren versöhnen alle Religionen."
Das Kybalion

Nicht nur versöhnen die hermetischen Lehren die Religionen, auch vermag man in ihnen den verloren gegangenen Schlüssel zur Integration des materiellen und spirituellen Standpunktes, zur Verbindung von Wissenschaft und Weisheit finden. Verloren gegangen deshalb, weil es in früheren Zeiten diese Trennung zwischen Wissenschaft, Religion und Philosophie nicht gab. Selbst dem heutigen Indien ist diese feinsäuberliche Aufsplitterung in miteinander nicht vereinbare Themenbereiche in gewissem Masse fremd. Bis ins Mittelalter konnten wir auch in unserer westlichen Kultur eine gemeinsame Betrachtung dieser Gebiete verfolgen, die jedoch spätestens mit der Aufklärung ihr Ende fand, um einer fragmentierten Sichtweise der Wirklichkeit Platz zu machen, die uns wohl an den Punkt geführt hat, an dem wir als Menschheit heute stehen.

Jedes höheren Sinnes in unserem Leben beraubt, beten wir lediglich den Gott „Geld" an, hecheln äußerlichen, vergänglichen Idealen nach und beuten dabei unsere Umwelt, unsere Mitmenschen und letztlich uns selbst aus. Weil wir blind geworden sind für die transzendente Wirklichkeit und völlig den Illusionen der materiellen Welt erlegen sind. Aber das Leben wehrt sich schon auf seine Weise. Wie die Dinosaurier aussterben mussten als sie zu übermächtig wurden und alles Leben auf der Erde unterjochten, so brechen nun auch unsere Systeme zusammen. Kriege, Krisen, Depressionen, Burn-out weisen uns auf, dass wir so nicht weiter machen können. Der blinde Materialismus ist am Ende...

Doch was nun? Ein Zurück zum Spiritualismus vergangener Zeiten? Das wird uns heute wohl nicht mehr passen. Die Evolution bewegt sich nie rückwärts, sondern schreitet stets voran, will immer Neues erschaffen. Das Leben soll sich weiter entwickeln. Was wir also benötigen, um einen Weg aus unserer misslichen Lage zu finden, ist ein neues Paradigma, das unserer heutigen geistigen Entwicklung entspricht und damit eine solide Grundlage für neue gesellschaftliche und wirtschaftliche Systeme bieten kann. Ein solches Weltbild kann nach der Überwindung des

Spiritualismus in der Folge der Aufklärung und nach Verwerfen des Materialismus in der Folge des aktuell zu beobachtenden Zusammenbrechens der aus ihm entstandenen wirtschaftlichen und gesellschaftlichen Systeme in einem *spirituellen Materialismus* bzw. einem *materiellen Spiritualismus* liegen. Bekannter Vertreter dieser These ist der Mediziner Bruce Lipton, der in seinem herausragenden Buch „Spontane Evolution" eine fundierte wissenschaftlich-spirituelle Erklärung dazu gibt.

Den Weg zu dieser neuen Weltsicht kann uns die seit mehreren tausend Jahren bestehende hermetische Philosophie bereiten. Warum sie so gut wie unbekannt ist, mag wohl einzig und allein daran liegen, dass sie bis in die heutige Zeit in geheimer Tradition mündlich von Meister zu Schüler weitergegeben wurde. Dies war notwendig, da dieses Wissen dem Menschen seine wahre Natur und Macht vor Augen führte und er sich damit nicht mehr zum willfährigen Objekt kirchlicher oder sonstiger Machtinstitutionen degradieren lies. Nichts galt daher den ehernen Machtsystemen der Unterdrückung und Manipulation der Massen bedrohlicher als dieses Wissen. Somit war es in der Vergangenheit höchst gefährlich, es öffentlich zu verbreiten, wurden seine Besitzer von den Institutionen doch auf das Bitterste verfolgt wie die Inquisition, Hexenverbrennung und andere Verfolgungswellen bezeugen.

So war es allzu verständlich, dass es streng behütet nur in eingeweihten Kreisen an Ausgezeichnete weitergegeben wurde, denen man vertrauen konnte. Auch mussten sie sich dieses Wissens als würdig erweisen, die notwendige geistige Reife besitzen, um es nicht für ihre persönlichen Zwecke zum Nachteil ihrer Mitmenschen zu missbrauchen. So wurde dieses Wissen bis in die heutige Zeit lediglich in Geheimlogen und Bruderschaften, wie den Rosenkreuzern, Freimaurern und anderen Zirkeln von Adepten weiteregegeben, wie die nachfolgenden Zitate aus dem Kybalion, dem Herzstück der hermetischen Philosophie bezeugen.

"Diese Wahrheit ist jedoch nur selten in Büchern zu finden. Sie wurde vom Meister zum Schüler, vom Eingeweihten zum Neophyten von Mund-zu-Ohr weitergegeben. Wenn sie überhaupt niedergeschrieben wurde, dann wurde ihre Bedeutung unter alchimistischen und astrologischen Ausdrücken so verschleiert, dass nur derjenige, der den Schlüssel besaß, sie richtig lesen konnte. Diese Verschleierung war wegen der Verfolgung seitens der mittelalterlichen Theologen notwendig, welche die Geheimlehre mit Feuer und Schwert bekämpften, mit Marterpfählen, Galgen und Kreuz. Noch heutzutage kann man nur wenige zuverlässige Bücher über die hermetische Philosophie finden,....".
Das Kybalion

"Wohin die Schritte der Meister fallen, da öffnen sich weit die Ohren derjenigen, die bereit sind für ihre Lehre."
Das Kybalion

"Wenn die Ohren des Schülers bereit sind zu hören, dann kommen die Lippen, sie mit Weisheit zu füllen."
Das Kybalion

"Die Lippen der Weisheit sind verschlossen, ausgenommen für die Ohren des Verstehens."
Das Kybalion

Doch nun treten wir in ein neues Zeitalter ein. Ein Zeitalter, in dem es kein Geheimwissen mehr geben wird, in dem jeder Mensch, der danach sucht, Zugang zu diesem Wissen finden soll. Ein Zeitalter, in dem Machtmissbrauch und Unterdrückung keine Chance mehr haben werden. Das neue Zeitalter, in das wir nun eintreten, ist das Zeitalter des Wassermanns. Seine Qualität ist grundverschieden von dem ihm vorausgegangenen Fische-Zeitalter. Während die Qualität des Fische-Zeitalters gekennzeichnet war vom Geheimen, Mysteriösen, von Machtmissbrauch und Manipulation, so ist das nun anbrechende Wassermann-Zeitalter eines, in dem alle althergebrachten Hierarchien aufgebrochen werden, in dem Wissen für alle zugänglich sein wird – auch mit Hilfe moderner Technologien. In dem wir als Brüder und Schwestern den Weg zurück in die Einheit Hand in Hand, in Liebe und in gegenseitiger Unterstützung gehen werden. In dem wir uns als gleichberechtigte, gleichwertige Wesen wohlwollend auf unserem Weg hin zu einem neuen Bewusstsein begegnen. Ein Zeitalter, in dem es keine Lehrer im üblichen Sinne als übergeordnete Wissensinstanz, sondern lediglich als Begleiter geben wird. Denn jeder Mensch ist nun aufgerufen seinen eigenen Weg der geistigen Entwicklung zu gehen. Schon gar nicht mehr wird es in dem neuen Zeitalter Vermittler zu Gott geben, die sich zwischen den Menschen und „Gott" stellen als alleinbefugte Überbringer der göttlichen Weisheit und Gnade.

Der genaue Beginn des Wassermann-Zeitalters wird mit unterschiedlichen Daten bzw. Zeiträumen angegeben. Ob es nun 1991, 2011 oder 2012 war bzw. wir uns gerade in dem bis 2020 dauernden Übergang befinden, sei dahingestellt und ist auch nicht relevant. Denn die damit einhergehenden kosmischen Qualitäten sind uns jedenfalls schon zugänglich und die Vorboten in den Um-, Auf- und Zusammenbrüchen unserer alten Systeme eindeutig erkennbar. So ist es nun an der Zeit ehemals geheimes Wissen ans Tageslicht zu bringen und damit auch das über die Jahrtausende so streng gehütete Wissen der hermetischen Philosophie. Dies ist Ziel des vorliegenden Buches.

Die Hermetische Philosophie

Als hermetische Philosophie wird ein umfangreiches Schriftwerk bezeichnet, das auf die legendäre Gestalt des Hermes Trismegistus Thot zurückgehen soll. Legendär, da von der Geschichtsforschung bis heute nicht sicher gesagt werden kann, wann und wie lange Hermes Trismegistus gelebt hat bzw. weil von manchen überhaupt angezweifelt, wird dass er jemals gelebt haben soll. Er entstand aus der Verschmelzung des griechischen Gottes Hermes, dem Götterboten und Schutzgott der Reisenden, Kaufleute, Hirten, aber auch Diebe, der Kunsthändler, der

Redekunst und der Magie, mit dem ägyptischen Gott Thot, dem Lehrer der Isis, der als Erfinder der Schrift galt, als Spezialist für Hieroglyphen, als Gott des Maßes und der Zahl, der Musik, der Sternenkunde, Schutzgott der Tempelbibliotheken und Verfasser heiliger Schriften. Daraus wurde der dreimal Große Hermes Trismegistus Thot. Er wird als der Urheber bzw. Übermittler aller Weisheit und allen Wissens, im Speziellen der Sprache, der Philosophie, der Astrologie, der Mathematik gesehen, als Lehrmeister aller Naturforscher und Meister des frühen Menschengeschlechts. Im Allgemeinen wird er der Zeitspanne um 3.000 - 5.000 v.Chr. zugeschrieben, doch findet man dazu wie gesagt unterschiedliche Angaben.

Sein Wissen schrieb er in unzähligen Büchern nieder, die so großes Ansehen genossen, dass sie in Tempeln aufbewahrt und bei heiligen Prozessionen mitgeführt wurden. Schon Pythagoras und Platon sollen das hermetische Schrifttum auf ihren Reisen nach Ägypten kennengelernt und studiert haben. Doch gingen all diese Schriften verloren bzw. verschwanden aus oben angeführten Gründen im dunklen Zeitalter der Verfolgung in den Untergrund und tauchten da und dort in geheimen Zirkeln wieder auf. So fand man sie bei den Gnostikern und einige eifrige Historiker begegneten ihnen hier und dort ab dem 4. Jahrhundert n.Chr. Diese verstreuten Schriften wurden von unbekannten Autoren als *Corpus Hermeticum* zusammengefasst, deren Herzstück die legendäre *Tabula Smaragdina* bildet, zu der auch das *Kybalion* zählt, das die hermetischen Lehren in sieben Prinzipen bzw. Gesetze zusammenfasst.

Die Sieben Geistigen Gesetze, unter welcher Bezeichnung sie heute bekannt sind, stellen eine an Klarheit, Einfachheit und Präzision (fast) vollkommene Beschreibung der grundlegenden Wirkprinzipien unseres Universums mit all seinen vielfältigen Erscheinungen und Lebensformen dar. In der Hermetik kann eine wahrhafte Synthese von Wissenschaft, Philosophie und Religion vorgefunden werden, eine Lehre die als Art Universalreligion alle

Religionen versöhnt und eine Konzentration der uralten Weisheit dieser Erde darstellt. Sie fand Eingang in viele, wenn nicht alle großen spirituellen Traditionen, angefangen, von den ägyptischen 22 Großen Arkana, über die Kabbala, dem Yoga bis hin zu den großen Mysterien der Antike – von Eleusis bis zur Orphik sowie der christlichen Gnosis und Mystik. Sie ist daher für die Thematik dieses Buches von unschätzbarem Wert und ihr Herzstück, das Kybalion, soll aus diesem Grunde Basis für die nachfolgende Darstellung einer integrativen Weltsicht bilden, welche uns in das neue Paradigma des *spirituellen Materialismus* bzw. *materiellen Spiritualismus* hinüber führt.

Die Sieben Geistigen Gesetze aus dem Kybalion

Die sieben hermetischen Prinzipien, auf welchen die ganze, bis dato der Allgemeinheit zugängig gemachte, hermetische Philosophie beruht, wurden erstmals im Jahre 1908 von den drei Eingeweihten in einem unscheinbar wirkenden kleinen Büchlein veröffentlicht. Noch zu Beginn des letzten Jahrhunderts war der Geist der Verfolgung offensichtlich so lebendig, dass die Verfasser dieses Buches ihre wahre Identität nicht preisgeben wollten. Jahrzehntelang fand dieses Buch keine nennenswerte Beachtung. Erst gegen Ende des letzten sowie Anfang dieses Jahrhunderts erschienen einige wenige Bücher die das Thema auffassten, jedoch keine wirklich neue Information boten. In den letzten drei bis vier Jahren lassen eine Reihe von Neuerscheinungen zu diesem Thema vermuten, dass es nun an der Zeit ist, dass dieses Wissen stärkere öffentliche Verbreitung findet.

Im Vorwort beschrieb ich wie sich für mich die Postulierung zweier weiterer bis zur heutigen Zeit niemals schriftlich niedergelegter Gesetze ergab. Diese vervollständigen die sieben geistigen Prinzipien aus dem Kybalion. Mit einer kleinen Abänderung ihrer Reihenfolge fügen sie sich zu einem perfekten System zusammen, das den gesamten Schöpfungszyklus beschreibt. Vom reinen Geist, über die Materie und von dieser wiederum zurück in den reinen Geist. Dieses System, das somit einen Weg des Erwachens/der Erleuchtung darstellt, soll - als *Weg des Herzens* bezeichnet - all denjenigen eine Hilfe bieten, die über geistige Erkenntnis den Weg aus unserer illusionären Wahrnehmung der Wirklichkeit zurück in das Bewusstsein der Einheit allen Seins und der Verwirklichung unseres höchsten menschlichen Potentials finden möchten.

Die in diesem Kapitel erklärten sieben hermetischen Prinzipien sind folgende:

1. Das Prinzip der Mentalität
2. Das Prinzip der Entsprechung
3. Das Prinzip der Schwingung
4. Das Prinzip der Polarität
5. Das Prinzip des Rhythmus
6. Das Prinzip von Ursache und Wirkung
7. Das Prinzip des Geschlechts

"Die Prinzipien der Wahrheit sind sieben; derjenige, der sie kennt und versteht, besitzt den Meister-Schlüssel, durch dessen Berührung sich alle Tore des Tempels öffnen."
Das Kybalion

1. Das Gesetz der Geistigkeit

"Das All ist Geist[1]; das Universum ist geistig."
Das Kybalion

---

[1] Der englische Begriff „Mind" findet im Deutschen keine genaue Entsprechung. Es wurde hier die Übersetzung „Geist" gewählt. Gemeint ist damit, was im Menschen denkt und fühlt. Unter dem „Mind" des All ist jener Aspekt des All zu verstehen, in dem das All denkt und fühlt.

„Dieses Prinzip enthält die Wahrheit, dass "alles Geist ist." Es erklärt, dass das All (das All ist wesentliche Wirklichkeit, die allen äußeren Manifestationen und Erscheinungen, welche wir unter den Ausdrücken "das materielle Universum", "die Erscheinung des Lebens", "Materie", "Energie" erkennen, kurz allem, was unseren materiellen Sinnen wahrnehmbar ist, zugrunde liegt) Geist /Spirit ist, welches in sich selbst unerkennbar und undefinierbar ist, welches aber gedacht und betrachtet werden kann als universelles, unendliches, lebendes Geist. Dieses Prinzip erklärt auch, dass die Erscheinungswelt oder das Universum nichts anderes ist als eine mentale Schöpfung des Alls, den Gesetzen der erschaffenen Dinge unterworfen, dass das Universum, als Ganzes und in seinen Teilen und Einzelwesen im Geist des Alls existiert, in dessen Geist wir "leben und uns bewegen und unser Sein haben". Ohne diesen Meister-Schlüssel ist Meisterschaft unmöglich und der Schüler pocht ohne ihn vergeblich an die Tore des Tempels."
Das Kybalion

Das erste Prinzip ist das größte, weil grundlegende Prinzip. Es bildet das Fundament, auf dem alle großen Religionen und Weisheitslehren und alle anderen sechs Prinzipien des Kybalion aufbauen. Das Prinzip der Geistigkeit/Mentalität von mens - Geist (im englischen „Mind") stammend, wird im Kybalion folgendermaßen beschrieben:

Das All ist Geist im Sinne von „Spirit" und das Universum ist geistig, im Sinne von „mental", das bedeutet, dass alles was ist, Geist ist, denn das All ist im Kybalion definiert als „Alles was ist", die Urquelle allen Seins, das was in den Religionen als „Gott" bezeichnet wird. Im Kybalion wird die Bezeichnung „Gott" nicht verwendet, weil es sich dezidiert nicht als Religion versteht. Ein Standpunkt im Kybalion ist, dass dieses Wissen, sobald es in bestimmte Formen und Riten gegossen und institutionalisiert wird, zu erstarren beginnt, was wir heute in allen großen Religionen feststellen können. Sie sind unbeweglich und versteinert, haben sich verloren in ihren Riten, aber das lebendige Wissen ist kaum mehr erhalten, außer vielleicht in den mystischen Traditionen, die jedoch nach außen nicht weitergegeben werden.

Wenn das All alles ist, was ist und das All geistig ist, heißt das, dass Alles, was ist, jemals war und jemals sein wird, geistigen Ursprungs ist - alle Materie, jeder Gedanke, jedes Gefühl. Wir alle sind erschaffen aus reinem Geist. Indem wir bereits Schöpfung sind, sind wir nicht mehr reiner Geist, jedoch geistiger Natur. In dem oben zitierten Sinnspruch des Kybalion sind wir das Universum, das eine Schöpfung des Alls ist. Es heißt: Das Universum, welches eine Schöpfung des Alls ist, ist geistig. Dies bedeutet, dass das Universum nicht mehr dieses Allumfassende ist, reiner Geist, welcher das Potential zu Allem in sich trägt, sondern es ist schon ein Teil der Schöpfung, erschaffen aus dem omnipotenten All. Etwa wie eine menschliche Stammzelle noch das Potential zu jedem Teil des Körpers besitzt, eine ausdifferenzierte Körperzelle jedoch nur mehr zu Haut, Haar, Herz oder Niere werden kann. Wir sind also selbst Teil des Universums und leben im Universum und sind gemeinsam mit diesem erschaffen aus dem Geist des Alls.

Das erste Prinzip hilft uns dabei zu erkennen, was es heißt, dass der Ursprung geistig ist und wie aus dem Geist Materie entstehen kann. Nämlich durch geistige Schöpfung des reinen Geistes. Dies können wir auch an Hand des täglichen Lebens überprüfen. Alles, was wir in Materie bringen, folgt einem geistigen Plan. Wenn wir ein Haus bauen, gibt es vorher einen Architekten, der dieses Haus schon sieht, jemanden, der bereits einen geistigen Plan davon hat. Ebenso ist es in allen anderen Bereichen; bevor etwas in Materie entstehen kann, gibt es einen geistigen Plan dazu. Nichts entsteht auf materieller Ebene, das nicht zuvor schon im Geiste erschaffen wurde.

Umgekehrt ist dies auch der erste Schlüssel zur Erschaffung der erwünschten Realität. Wenn ich mir etwas auf materieller Ebene wünsche, so muss ich davor einen geistigen Plan, ein geistiges Bild, eine Vorstellung haben. Wenn mir nicht klar ist, was ich will, dann werde ich das auch nicht erschaffen können. Je konkreter und lebendiger ich mir vorstellen kann, was ich mir wünsche, umso leichter, schneller und exakter werde ich es erschaffen können. Dies wirft auch ein neues Bild auf das sonst so verpönte Tagträumen bzw. Fantasieren von Kindern. Demnach wäre dies als höchst sinnvolle, ja notwendige Vorbedingung zur Verwirklichung des kindlichen Wunsches zu sehen.

Der klare Ansatz, der in diesem ersten Gesetz niedergeschrieben ist und der das Fundament für die gesamte hermetische Philosophie, wie auch für alle Religionen und spirituellen Lehren dieser Welt bildet, ist, dass die Quelle/Gott, woraus alles Materielle entstanden ist, reiner Geist ist, welcher durch geistige Schöpfung alle Universen, alles Sein erschafft. Alles, was vom All erschaffen ist, ist somit nicht mehr letzte Wirklichkeit selbst, sondern lediglich eine Schöpfung, ein Werk der dahinterliegenden letzten Wirklichkeit. Es ist somit vergänglich zum Unterschied des reinen Geistes, der Quelle allen Seins, welche als unvergänglich betrachtet werden muss, da er alles ist, es also nichts gibt, aus dem er hätte entstehen können oder zu dem er werden könnte.

Gott und das All

Da das erste Gesetz die Basis ist, auf der alle anderen Gesetze aufbauen und letztlich das einzige Prinzip, das von der modernen Wissenschaft so noch nicht erkannt ist, seien an dieser Stelle einige Originalzitate aus dem Buch der drei Eigeweihten eingefügt, die erklären, welche gedanklichen Konzepte und rationalen Schlussfolgerungen der Alten zur Erkenntnis dieses Gesetzes im Rahmen der hermetischen Lehren geführt haben.

"Unter und hinter dem Universum von Zeit, Raum und Wechsel kann man die substantielle Wirklichkeit, die fundamentale Wahrheit finden."

„*Das Universum, von dem er ein Teil ist, betrachtend, sieht er nichts als Wechsel in der Materie, den Kräften und den mentalen Zuständen. Er sieht, dass nichts wirklich "ist", sondern alles werdend und wechselnd. Nichts steht still - alles wird geboren, wächst, stirbt - im selben Moment, da ein Ding seinen Höhepunkt erreicht, beginnt schon sein Verfall - das Gesetz vom Rhythmus wirkt beständig - es gibt keine Wirklichkeit, andauernde Eigenschaft, Festigkeit oder Wesentlichkeit - nichts ist beständig als nur der Wechsel. Er sieht, dass alles sich aus anderen Dingen entwickelt und sich in anderen Dingen auflöst - fortwährende Aktion und Reaktion; Einfließen und Ausfließen, Aufbauen und Niederreißen; Schöpfung und Zerstörung; Geburt, Wachstum und Tod. Nichts dauert an als nur der Wechsel. Und wenn er ein denkender Mensch ist, erkennt er, dass alle diese wechselnden Dinge nur äußere Erscheinungen oder Manifestationen irgendeiner zugrundeliegenden Macht - einer substantiellen Wirklichkeit sein können. Alle Denker aller Länder und aller Zeiten haben angenommen, dass es notwendig ist, die Existenz dieser substantiellen Wirklichkeit vorauszusetzen. Alle Philosophien, die ihres Namens wert sind, waren auf diesem Gedanken aufgebaut. Die Menschen haben dieser substantiellen Wirklichkeit viele Namen gegeben - manche nannten sie Gottheit (mit vielen anderen Titeln) - alle aber haben ihre Existenz anerkannt.*

Diese alle behaupten, dass die innere Natur des Alls unerkennbar ist. Dies muss so sein, weil nichts als das All selbst seine eigene Natur und sein eigenes Wesen verstehen kann. Die Hermetiker glauben und lehren, dass das All in sich selbst unerkennbar ist und immer sein muss. Für sie sind all die Theorien, Vermutungen und übersinnlichen Lehren, welche die innere Natur des Alls betreffen, nichts als kindische Bemühungen sterblichen Geistes, das Geheimnis des Unendlichen zu erfassen."

"*In seinem Wesen ist das All unerkennbar.*"

"*Der Bericht der Vernunft aber muss gastlich empfangen und mit Achtung behandelt werden.*"

Das Kybalion

„*Die menschliche Vernunft, auf die wir hier hören müssen, solange wir überhaupt denken, sagt uns - ohne auch nur zu versuchen, den Schleier des Unerkennbaren zu lüften - folgendes über das All:*

1. Das All muss alles sein, was wirklich ist. Es kann nichts geben, das außerhalb des Alls existiert, sonst wäre das All nicht das All.

2. Das All muss unendlich sein, denn es gibt sonst nichts, das All zu definieren, zu beschränken, zu begrenzen.

- *Es muss unendlich sein in der Zeit oder ewig - es muss immer fortdauernd existiert haben, denn es gibt nichts, von dem es hätte erschaffen werden können - und etwas kann niemals aus nichts entstehen, und wenn es jemals nichts gewesen wäre, nur für einen Augenblick, würde es jetzt nicht sein.*
- *Es muss immer, fortdauernd existiert haben, denn es gibt nichts, von dem es zerstört werden könnte.*
- *Es kann nie nicht sein, auch nicht nur für einen Augenblick, denn etwas kann niemals nichts werden.*
- *Es muss unendlich sein im Raum, es muss überall sein, denn es gibt keinen Ort außerhalb des Alls, es kann nicht anders als zusammenhängend im Raume sein, ohne Lücken, Aufhören, Trennung oder Unterbrechung, denn es gibt nichts, das seinen Zusammenhang unterbrechen oder trennen könnte, nichts, das die Lücken ausfüllen könnte.*
- *Es muss unendlich sein in der Macht oder absolut, denn es gibt nichts, von dem es begrenzt, eingeschränkt, zurückgehalten, gestört oder bedingt werden könnte - es ist keiner anderen Macht untertan, weil es keine andere Macht gibt.*

3. Das All muss unveränderlich sein, in seiner realen Natur keinem Wechsel unterworfen, denn es gibt nichts, das eine Veränderung am All hervorbringen könnte. Es gibt nichts, in das es umgeändert werden könnte, nichts, aus dem es durch Veränderung entstehen hätte können. Es kann zu nichts hinzugefügt werden und von nichts abgezogen werden; es lässt sich nicht vermehren und nicht vermindern; noch kann es in irgendeiner Hinsicht größer oder kleiner werden. Genau das, was es jetzt ist - das All - muss es immer gewesen sein und muss es immer bleiben. Etwas anderes, in das es sich hätte umändern können, hat es nie gegeben, gibt es jetzt nicht und wird es nie geben.

Daraus, dass das All unendlich, absolut, ewig und unveränderlich ist, folgt, dass alles, was endlich, bedingt, wechselnd und fließend ist, nicht das All sein kann. Und da es tatsächlich nichts außerhalb des Alls gibt, müssen alle und jede endlichen Dinge in Wirklichkeit soviel wie nichts sein.

4. Materie kann nicht Leben oder Geist offenbaren, da aber Leben und Geist im Universum manifestiert sind, kann das All nicht Materie sein; denn nichts steigt höher als seine eigene Quelle - nichts ist je in einer Wirkung manifestiert, was nicht schon in der Ursache enthalten ist - nichts entwickelt sich als Folge, das nicht schon in einem Vorhergegangenen verhüllt war.

Weiter lehrt uns die moderne Wissenschaft, dass es in Wirklichkeit Materie nicht gibt - dass das, was wir Materie nennen, nur "unterbrochene Energie oder Kraft" ist, das heißt Energie oder Kraft in ganz niederer Schwingung.

"Dann", fragt ihr, "wollt ihr uns sagen, dass das All Leben und Geist sei? "Ja und Nein!" ist unsere Antwort. Wenn ihr Leben und Geist meint, wie wir arme kleine Sterbliche es kennen, sagen wir Nein! Dies ist nicht das All! "Aber welche Art von Leben und Geist meint ihr dann?" fragt ihr uns. Die Antwort ist "lebendes Geist, so hoch erhaben über das, was Sterbliche unter diesen Worten verstehen, als Leben und Geist höher sind als mechanische Kräfte oder Materie - unendliches, lebendes Geist verglichen mit endlichem Leben und Geist." Wir meinen das, was die erleuchteten Seelen meinen, wenn sie ehrfürchtig das Wort Spirit (Reiner Geist) aussprechen. Das All ist unendliches lebendes Geist - die Erleuchteten nennen es Reiner Geist!"

Über das Verhältnis von All und Universum im Kybalion:

"*Das All schafft in seinem unendlichen Geist zahllose Universen, die durch Äonen bestehen - und doch, für das All ist Erschaffung, Entfaltung, Verfall und Tod von Millionen von Universen nicht länger als ein Augenblick."*
Das Kybalion

"*Der unendliche Geist des Alls ist der Schoss der Universen."*
Das Kybalion

„*Nach dem Prinzip der Entsprechung dürfen wir mit Recht annehmen, dass das All das Universum mental schafft, in einem Vorgang, ähnlich dem, in dem der Mensch mentale Bilder schafft. Und diese Ansicht der Vernunft stimmt genau mit den Ansichten der Erleuchteten überein, wie sie in deren Lehren und Schriften dargelegt werden.*

Die wahre Lehre ist, dass das All, in sich selbst, über dem Geschlecht steht, wie es auch über jedes andere Gesetz, die Gesetze von Raum und Zeit inbegriffen, erhaben ist. Das All ist das Gesetz, aus dem die Gesetze hervorgehen, und ist ihm nicht unterworfen. Wenn sich aber das All auf dem Plan der Zeugung oder Schöpfung offenbart, dann handelt es in Übereinstimmung mit Gesetz und Prinzip, weil es sich auf einem niederen Daseinsplan bewegt. Und folglich manifestiert es das Prinzip des Geschlechts in seinen männlichen und weiblichen Aspekten, natürlich auf dem mentalen Plan. Man spricht von der Vaterschaft Gottes, von der Mutterschaft der Natur - von Gott, dem göttlichen Vater, und von der Natur, der universalen Mutter und hat so instinktiv das Prinzip des Geschlechts im Universum anerkannt.

Die hermetischen Lehren sprechen aber nicht von einer wirklichen Zweiheit - das All ist eins -, die beiden Aspekte sind nur Manifestationsaspekte. Die Lehre ist, dass das vom All manifestierte männliche Prinzip von der wirklichen mentalen Erschaffung des Universums gewissermaßen abseits steht. Es projiziert seinen Willen auf das weibliche Prinzip (welches man Natur nennen kann), worauf das letztere die eigentliche Evolution des Universums beginnt, von einfachen Aktivitätszentren an bis zum Menschen, und dann weiter und höher, alles nach wohl gegründeten und streng durchgesetzten Naturgesetzen. Wenn man die alten Gedankenbilder vorzieht, kann man sich das männliche Prinzip als Gottvater denken, das weibliche als die Natur, die universale Mutter, aus deren Schoß alle Dinge geboren wurden.

Aus diesem ersten Gesetz entstanden im Yoga zwei der bedeutendsten Philosophiesysteme, die sich bei oberflächlicher Betrachtung zu widersprechen scheinen: Der *Advaita Vedanta*, der sich mit der Unterscheidung, was ist wirklich und was ist unwirklich – was ist also das All und was ist Teil des Universums, beschäftigt. Der Advaita Vedanta wird daher als das Wissen um die nicht Zweiheit bezeichnet. Dvaita bedeutet Zweiheit, das duale Prinzip, während Advaita „Nicht-Zweiheit" einen nicht-dualen Weg kennzeichnet, den Weg, der ein einziges Ur-Prinzip postuliert und allem Sein zugrunde liegt. Vedanta bedeutet „Ende des Wissens" oder auch „höchstes Wissen".

Da diese Materie für das menschliche Hirn sehr schwer vorstellbar ist, arbeitet der Advaita Vedanta gerne mit Methapern, die uns auch an dieser Stelle zu einem besseren Verständnis verhelfen können. Ein berühmtes Beispiel ist das vom Ton und dem Tontopf. Was ist nun wirklich, der Ton oder der Topf? Der Tontopf ist unwirklich, denn wenn er zerbricht, ist er nicht mehr vorhanden, wo hingegen der Ton, also die Substanz, die Masse auch nach dem Zerstören der Form bestehen bleibt. Der Topf bestünde ohne dem Ton nicht, doch umgekehrt kann der Ton wunderbar ohne Topf bestehen. Im Sinne des Advaita Vedanta wird alles, was vergänglich ist, als unwirklich bezeichnet und alles, was unvergänglich ist, als wirklich. So wird es beschrieben in der großen Yoga-Philosophie Advaita Vedanta, so wird es auch in der hermetischen Philosophie betrachtet und so kann es auch uns zu einer neuen Sichtweise auf all unsere materiellen Besitztümer einschließlich unserer materiellen Körper verhelfen.

Das zweite große philosophische System Indiens, der Samkhya, wird im Gegensatz zum Advaita Vedanta als ein dualistisches System betrachtet, denn es postuliert zwei Grundgrößen, aus denen alles Sein entstanden ist - Purusha und Prakriti. Purusha steht für den Bewusstseinsaspekt, der die Materie beseelt und der sich durch die Materie erst ausdrücken kann. Purusha ist statisch, unbeweglich, ruht in sich selbst; er verleiht allen Wesen Empfindungsfähigkeit und Bewusstsein. Es gibt unendlich viele Purushas - in jedem Wesen existiert ein Purusha als Wesenskern. Prakriti ist das Prinzip der Natur, welche aber unbewusst, unbeseelt ist. Prakriti ist die schöpferische Kraft hinter allen psychophysischen wie materiellen Gegebenheiten des Seins, zu denen auch Körperlichkeit, Denkprozesse und Wahrnehmung gehören. Sie ist die ursprüngliche Natur, die allem Werden zugrunde liegt, sie ist das Werden und die Ergebnisse des Werdeprozesses. Während es viele Purushas gibt, gibt es jedoch nur eine Prakriti.

Durch die oben beschriebene Erklärung des Prinzips der Geistigkeit können diese beiden als unvereinbar geltenden philosophischen Systeme Indiens jedoch vereint werden. Die Brücke bildet dabei der Moment, in dem sich das All auf dem Plan der Zeugung oder Schöpfung offenbart und folglich das Prinzip des Geschlechts in seinen männlichen und weiblichen Aspekten - natürlich auf dem mentalen Plan – manifestiert. Das vom All manifestierte männliche Prinzip steht dann jedoch von der wirklichen mentalen Erschaffung des Universums selbst abseits. Es projiziert lediglich seinen Willen auf das weibliche Prinzip, die Natur, worauf dieses die eigentliche Evolution des Universums beginnt. So lassen sich Advaita Vedanta und Samkhya durch das Prinzip des Geschlechts auf Ebene des Alls, wenn es sich auf der Ebene der Schöpfung offenbart, vereinbaren.

Das All ist somit die Wirklichkeit, das Allumfassende, die höchste Instanz, es gibt nichts außerhalb vom All und das All/der Geist ist in allem enthalten. Es gibt nichts, wo nicht Geist enthalten ist, kein Wesen, keine Zelle, kein einziges Körnchen. Geist durchdringt alles und ist überall vorhanden. Im Alltag dient uns dieses Wissen - zu unterscheiden, was sind nur Erscheinungen, was ist nicht wirklich und somit auch vergänglich - insbesondere bei Entscheidungen die schwer zu treffen sind, oder bei (leidvollen) Geschehnissen, die wir nicht verstehen, weil wir keinen Sinn dahinter sehen. Immer gibt es diesem Prinzip zufolge eine Wahrheit die dahinter steht, hinter jeglicher äußeren Erscheinungsform.

Wenn wir beginnen zu hinterfragen, was jeweils die dahinter liegende Wahrheit hinter der (unangenehmen) Situation, in der wir uns gerade befinden, ist, können wir aus ihr lernen. Dann beginnen wir den dahinterliegenden Sinn zu begreifen und werden bereit, die Wirklichkeit zu sehen wie sie ist und nicht wie wir sie aufgrund unserer im Unterbewusstsein schlummernden und unsere Reaktionen steuernden traumatischen Erlebnisse der Vergangenheit wahrnehmen. So können wir Sinn in allem – und sei es noch so unangenehm und schmerzhaft - erkennen und die für unser Leben und unsere geistige Weiterentwicklung entscheidende Information in uns aufnehmen. Damit findet nach und nach eine neue, nie geahnte Leichtigkeit Eingang in unser Leben, weil wir mit den täglichen Gegebenheiten viel besser umgehen können. Wir können den (höheren) Sinn in ihnen und was wir aus ihnen lernen dürfen erkennen.

Die äußeren Erscheinungsformen, das Sicht- und Greifbare, welches wir als Materie und (einzige) Realität bezeichnen, kann also einerseits als unwirklich, weil vergänglich, bezeichnet werden, wie wir anhand der Metapher des Tontopfes feststellen konnten. Andererseits ist es aber genau diese materielle Realität, die für unsere menschliche Erfahrungswelt zentral maßgeblich ist. Es ist eine Grundvoraussetzung, dass wir sie als solche auch akzeptieren und anerkennen und sie nicht mit dem Argument verleugnen, sie sei ja ohnehin nicht die letztgültige Wirklichkeit. Für uns, da wir als fleischlicher/materieller Mensch selbst Teil dieser Illusion sind, ist sie dennoch realitätsbildend und darf nicht gering geschätzt werden. Es würde uns allzu leicht zu einer passiv fatalistischen

Haltung dem Leben gegenüber veranlassen, in der wir nicht mehr aktiv am Leben teilnehmen und damit letztlich auf dieser Ebene des Seins scheitern würden.

Es ist deshalb wichtig, dass wir uns einerseits bewusst sind, dass alles Materielle im Sinne der Vergänglichkeit unwirklich und von illusionärem Charakter ist, denn all diese (Lebens)Formen sind unweigerlich dem Vergehen, der Zerstörung preisgegeben. Hängen wir unser gesamtes Lebensglück und unser ganzes Streben an sie, identifizieren uns allzu sehr mit unseren Besitztümern, unserem Körper und Geist, unseren Freunden und Weggefährten, dann werden wir unweigerlich Leid und Schmerz erfahren. Es ist daher ratsam, seine Aufmerksamkeit auch stets auf das Wirkliche zu richten, auf das, was unvergänglich ist, was keiner Zerstörung anheimfallen kann, was nicht dem Tod geweiht ist. Auf das, was immerfort sein wird, durch alle Zeiten hindurch bis in die Ewigkeit. Auf diese feine Schwingung, die alles durchdringt und die wir als Gott bezeichnen, an der wir über unsere seelische Dimension auch Anteil haben. So sollen wir zu allen Zeiten immer auf das Wohl unserer Seele bedacht sein. Denn sie wird uns immerfort begleiten, ganz egal was sich im Außen verändert, welche äußere Form wir annehmen.

Es ist für uns also gleichermaßen wichtig, dass wir das letztlich Unwirkliche dennoch als für uns relevante Realität anerkennen, in der wir auf dieser Ebene des Menschseins unsere Erfahrungen machen dürfen, denn erst wenn wir sie anerkennen und begreifen, können wir sie meistern und zu höheren Aufgaben emporsteigen. Als auch, dass wir stets eingedenk bleiben, dass diese Form der Realität vergänglich ist und wir unser Herz nicht an sie hängen, sondern unsere Augen immer auf „Gott" auf das Ewige, Unvergängliche richten sollen. Auf das, was sich in uns als unsere Seele ausdrückt, deren Wohl uns einzig zu immerwährendem Glück, unvergänglicher Freude und tiefer Lebendigkeit geleiten kann. Zu einer inneren Strahlkraft, die jede Lebenssituation preist und emporhebt, die nichts Geringes kennt und in allem das göttliche Wirken erkennen kann, die alles noch so profan Erscheinende zu einem Akt der Heiligkeit emporhebt.

Das führt uns zur Alchemie, welche im Kybalion besondere Erwähnung findet. Alchemie wird definiert als die Fähigkeit, etwas von einem Zustand in einen anderen Zustand zu verändern bzw. zu veredeln. Im Sinne der Hermetik lag die Bedeutung der Alchimie in der Meisterung der geistigen Kräfte und es ging nicht um die Beherrschung der materiellen Elemente. Die hermetische Alchimie bestand in der Transmutation von mentalen Schwingungen, nicht in der Umwandlung einer Metallart in ein anderes Metall. Die Legende vom "Stein der Weisen", welcher niedere Metalle in Gold verwandeln sollte, war eine Allegorie der hermetischen Philosophie, die von den Eingeweihten immer als solche verstanden und nur von der Allgemeinheit als wörtlich genommen wurde.

Die hermetische Alchimie lehrt uns, unser gewöhnliches Ego-Bewusstsein, das uns in den Fesseln der Identifikation mit allem Materiellen und damit im Leid hält, in ein höheres Bewusstsein zu verwandeln, welches geprägt ist von einer höheren geistigen Schwingung, in der wir kein Leid mehr erfahren. Diese höhere Schwingung ist immer mehr eine Schwingung der Liebe und nähert sich immer mehr unserem wahren, unvergänglichen Kern, unserer göttlichen Natur, entsprechend unserem Ursprung, an. Sind wir erst so zu gottähnlichen Wesen geworden, können wir wahrlich von Veredelung unserer niederen Natur sprechen. Das bedeutet praktisch, wir treten in eine höhere Schwingungsfrequenz ein und transformieren damit unser Leben von Grund auf.

„*Within us is the soul of the whole, the wise silence,*
the universal beauty, the eternal One."
Ralph Waldo Emerson

Zur Begriffsklärung sei noch gesagt, dass zu „Materie" im hermetischen Sinne auch Energie, Kraft, Elektrizität, Licht, alle physikalischen Größen schlechthin gehören, da sie alle Erscheinungsformen des Erschaffenen sind. Ebenso werden Gedanken und Gefühle diesem Bereich zugeordnet; sie sind zwar schon von höherer Schwingungsfrequenz als feste Materie, dennoch gehören sie in den Bereich der Schöpfung und damit des Veränderlichen. Je weiter und feiner eine Materie schwingt, desto leichter gelingt es uns, diese geistig zu verändern, da sie dem allumfassenden Geist näher ist. Vom Feststofflichen bis zum Feinstofflichen, alles hat seinen materiellen Anteil. Alles was sich einmal festgesetzt hat - an Glaubenssätzen, an Verhaltensmustern und vor allem an dualen Sichtweisen ist Teil der Materie. Die geistige Alchemie hat sich genau damit beschäftigt, nicht dienliche Glaubenssätze, in dienliche zu verwandeln.

Wie schon oben angesprochen, kann jedoch die Gefahr bestehen, wenn man sich mit spirituellen Themen wie den geistigen Gesetzmäßigkeiten auseinandersetzt, dass man der Materie gegenüber hochmütig wird, da man meint, dass alles ohnehin unwirklich und Schein sei und daher geneigt ist, die Materie nicht mehr ernst zu nehmen. Diesen scheinbaren Widerspruch der relativen Unwirklichkeit bezeichnet das Kybalion als „göttliches Paradoxon" und warnt ganz dezidiert davor, zu oberflächlich an dieses Thema heranzugehen. Dazu ein sehr bildhafter Text aus dem Buch der drei Eingeweihten:

„Die Halbweisen erkennen die verhältnismäßige Unwirklichkeit des Universums und meinen sie könnten seinen Gesetzen trotzen, das sind eitle hochmütige Narren. Ihre Narrheit wird sie gegen Felsen schleudern und die Elemente werden sie zerreißen. Der wahrhaft Weise, kennt das Wesen des Universums und wendet das eine Gesetz gegen die anderen Gesetze an. Das Höhere gegen das Niedrigere. Durch die Kunst der Alchemie verwandelt er das Unerwünschte in das Wertvolle und triumphiert.

Meisterschaft zeigt sich nicht in anormalen Träumen, Visionen oder fantastischen Bildern und Lebensweisen, sondern in dem Gebrauch der höheren Kräfte, gegen die Niedrigeren. Der Weise entkommt den Qualen der niederen Ebenen dadurch, dass er höher schwingt. Verwandlung, nicht hochmütige Verleugnung, ist die Waffe der Meister."

Das bedeutet für uns, dass wir im Stande sind, all unsere geistigen, psychischen und physischen Umstände verändern zu können, indem wir unsere zugrunde liegenden geistigen Glaubenssätze verändern. Wichtig ist dabei zu erkennen, dass wir alle, jede/jeder Einzelne von uns, ein gewollter Teil des Universums sind, eine bewusste Schöpfung des Alls. Mögen wir uns noch so klein, unbedeutend und ohnmächtig fühlen, jede Seele hat ihre ganz persönliche, individuelle Aufgabe in diesem Leben und spielt eine wichtige Rolle auf der großen Bühne des Lebens, dem Universum. Jede Seele, die hier als Mensch inkarniert, d.h. zu Fleisch wird (lat. incarnatio = „Fleischwerdung"), hat auch das Potenzial, die Herausforderungen die ihr unterwegs begegnen, bewältigen zu können und damit sich selbst weiterzuentwickeln, um in der Stufenleiter des Lebens emporzusteigen zu immer höheren Aufgaben. Wir sind in Wahrheit nie überfordert, auch wenn es uns oftmals so erscheint. Das, was uns begegnet, steht immer in einem adäquaten Verhältnis zu dem, was wir an Potenzial in uns tragen.

Und es liegt auch etwas besonders Tröstliches in dieser Weisheit, über die die drei Eingeweihten schreiben:

„Fühlt euch daher nicht unsicher und bange wir alle sind festgehalten im unendlichen Geist des Alls, und es gibt nichts, das uns schaden könnte, nichts, das wir zu fürchten hätten. Es gibt keine Macht außerhalb des Alls, die auf uns einwirken könnte. Wir können ruhig und sicher sein. Es liegt eine Welt von Trost und Sicherheit in dieser Erkenntnis, wenn wir sie einmal erlangt haben. Dann "schlafen wir ruhig und friedlich, gewiegt in der Wiege der Tiefe" - ruhen wir sicher am Busen des Ozeans des unendlichen Geist, welches das All ist. Wahrlich, im All "leben wir und bewegen wir uns und sind wir"."

Es ist daher von zentraler Bedeutung, die Sinnhaftigkeit all unserer Erfahrungen - und mögen sie noch so schmerzlich sein, noch so sehr im Widerspruch zu allem stehen, was wir selbst in uns sehen - zu erkennen. Sie zu akzeptieren als zu uns gehörend und verstehen, dass wir sie erschaffen haben, um aus ihnen zu lernen – auch und gerade unter Schmerzen - um uns zu helfen, uns weiter zu entwickeln. Erst wenn dieser Bewusstseinsprozess einsetzt, haben wir die Möglichkeit, überhaupt wirkungsvoll an uns zu arbeiten. Solange es noch Erfahrungen bzw. Bereiche, in unserem Leben gibt, in denen wir uns als Opfer bzw. „unschuldig" (auf das Thema Schuld wird im Laufe dieses Kapitels noch näher eingegangen) sehen, werden wir in unserer geistigen Entwicklung keinen Fortschritt machen können und damit am wahren Sinn unseres Lebens vorbei gehen.

Alles ist Energie und Energie ist immer veränderbar bzw. im Sinne der geistigen Weiterentwicklung veredelbar! So wie es im Leitspruch der Freimaurer steht: *„Erkenne dich – verbessere dich – veredle dich."* Dadurch gelangen wir zu einem höheren Bewusstsein, einer neuen Qualität des Menschseins, die nicht nur uns selbst dient, sondern hilfreich für unsere gesamte Umgebung, uns alle, ist. Im selben Masse wie der Mensch die Existenz des innewohnenden, seinem Wesen immanenten Geistes erkennt, steigt er auf der geistigen Lebensleiter höher. Dies ist die Bedeutung geistiger Entwicklung. Die Erkenntnis, die Vorstellung, die Offenbarung des Geistes in uns. Diese Definition von geistiger Entwicklung enthält die Wahrheit jeder wahren Religion.

2. Das Gesetz der Entsprechung

"Wie oben, so unten; wie unten, so oben."
Das Kybalion

Über das Gesetz der Entsprechung schreiben die drei Eingeweihten in ihrem Buch:

„Dieses Prinzip enthält die Wahrheit, dass es immer eine Übereinstimmung zwischen den Gesetzen und Erscheinungen auf den verschiedenen Plänen von Sein und Leben gibt. Das Prinzip kann allgemein angewendet werden, es offenbart sich überall auf den verschiedenen Plänen des materiellen, des mentalen und des spirituellen Universums, es ist ein universales Gesetz. Die alten Hermetiker betrachteten es als eines der wichtigsten mentalen Mittel, durch welche der Mensch die Hindernisse beseitigen kann, die das Unbekannte seinen Blicken verbergen. Wenn man dieses Prinzip anwendet, kann es einem gelingen, sogar den Schleier der Isis so weit zu lüften, dass ein Schimmer vom Antlitz der Göttin erhascht werden kann."

Das Gesetz der Entsprechung besagt, dass eine Analogie zwischen den verschiedenen Ebenen des Seins besteht. Dabei ist die grobstofflichste, die uns wohlbekannte physisch materielle Ebene. Die nächstfolgende, schon höher schwingende Ebene ist die des Mentalen, welche unsere Gefühle, Gedanken und sonstigen feinstofflichen Körperenergien umfasst; all das, was wir nicht mehr direkt angreifen können. Darauf folgt die nächste Ebene, die geistig-spirituelle Ebene, die eine sehr hohe und schnelle Schwingungsfrequenz aufweist. Der Unterschied dieser drei großen Ebenen, die sich wiederum in mehrere Unterebenen unterteilen lassen, liegt einzig in ihrer Schwingungsfrequenz.

Die fein voneinander abgetrennten Einteilungen dienen dabei lediglich dem besseren Verständnis, sind letztendlich jedoch willkürlich, weil es sich um ein Kontinuum handelt. Es gibt in Wirklichkeit keinen klaren Schnitt, an dem die eine Ebene aufhört und die nächste Ebene beginnt. Dies geschieht in einem gewissen Masse willkürlich. Man kann daher bei genauerer Betrachtung immer weitere Unterebenen formulieren. So wird zum Beispiel die materielle, physische Ebene weiter unterteilt in die Ebenen des Menschlichen, des Tierischen und in das Pflanzenreich; welche Ebenen im Kybalion zur noch näheren Betrachtung der verschiedenen Seinsformen wieder weiter unterteilt werden.

Ebenso wie wir in der Wissenschaft die Atome in immer kleinere Subebenen und subatomare Partikelchen unterteilen, hier jedoch immer noch in der Hoffnung darauf, das letztlich kleinste Elementarteilchen, welches die Materie aufbaut, zu finden.

Das Gesetz der Entsprechung hat für uns einen sehr hohen praktischen Wert, weil es dadurch, dass wir Gesetzmäßigkeiten auf einer Ebene beobachten und verstehen - vor allem auf der für unsere Sinne und wissenschaftlichen Messgeräte fassbaren physisch-materiellen Ebene - für uns möglich wird, über dieses Prinzip auch die Vorgänge auf Ebenen zu verstehen, die wir nicht direkt mit unseren Sinnen erfahren bzw. unseren Geräten messen können. Etwa die große spirituelle Ebene des Kosmos und alles, was sich im makroskopischen Bereich abspielt sowie die vielen kleinen Ebenen des Mikrokosmos, die beide für uns nicht direkt erschließbar sind, können wir durch das Prinzip „Wie oben, so unten" verstehen. Indem wir die gleichen Gesetzmässigkeiten und Bauprinzipien annehmen können, machen wir für uns erkennbar, was sonst unserem Blick verborgen bleiben würde.

Das Gesetz der Entsprechung hilft uns auch im alltäglichen persönlichen Bereich, weil wir dadurch in der Lage sind, allen äußeren Erscheinungen, alles was uns im Leben begegnet, allen Schicksalsschlägen, etc. einen direkten Bezug auf unser Inneres, auf unsere geistigen Haltungen, seien sie uns nun bewusst oder auch unbewusst zuzuordnen. Wir können durch die Außenwelt so unsere Innenwelt erkennen. Dieses Gesetz ist – wie alle hier vorgestellten geistigen Gesetze - ein uneingeschränkt wirkendes universales Gesetz, da es überall anwendbar ist und ausnahmslos auf allen Ebenen in allen Bereichen zu jeder Zeit gilt. Die berühmte Ausnahme von der Regel gibt es hier nicht, denn sie würde das Universum in ein heilloses Durcheinander führen. Auch wenn es uns sehr oft unbequem ist, so besagt dieses Gesetz doch unbezweifelbar, dass jedes Ereignis, das mir im Außen widerfährt ein Spiegelbild meines Inneren ist und mir aufzeigt, was ich (noch) nicht in mir erkennen kann bzw. will.

Habe ich dieses Prinzip einmal verinnerlicht und in seiner universalen Gültigkeit voll akzeptiert, dann kann es für mich der größte und wichtigste Lehrer in meinem Leben sein. Ein Ratgeber, der stets zur Seite ist, mir in jeder Situation den Schlüssel zur Lösung, zur Erkenntnis bieten kann. Denn als universal gültiges Gesetz umfasst es selbstverständlich auch den großen Bereich des menschlichen Unterbewusstseins, einen Bereich, den wir mit all unseren wissenschaftlichen, psychotherapeutischen und medizinischen Methoden nicht oder nur kaum erschließen können. Durch dieses einfache Prinzip wird uns das ansonsten Unmögliche möglich. Alles, was wir dazu benötigen, ist einen klaren Geist und den Mut, uns auch den dunkelsten Ecken unseres Unterbewusstseins zu stellen.

Was sagen mir zum Beispiel meine äußeren Umstände im Leben über mich selbst? Welcher Lernprozess steckt dahinter, wenn wir uns über alltägliche Dinge ärgern und den Kopf im wahrsten Sinne des Wortes zerbrechen? Wenn wir uns über eine Kollegin, unseren Partner, die Kinder, oder irgendeine Person ärgern, wenn wir ungeduldig, trotzig, wütend und rechthaberisch reagieren, wenn wir wie so häufig die Schuld im Außen suchen? Warum lassen wir die Meinung eines anderen oft nicht zu oder belächeln sie? Weshalb wertschätzen wir einander so wenig? Wo steht geschrieben, dass die eigene Meinung, immer die Richtige ist? Wenn wir länger darüber nachdenken, werden wir feststellen, dass oft der heimliche Wunsch, Macht auf unser Gegenüber auszuüben, dahinter steckt. Mein Ego, meine Persona über die eines anderen zu stellen. In Wahrheit ist unser Umfeld nur ein ´Spiegel´ unseres Selbst, wir werden uns selbst erst durch unsere Mitmenschen wirklich erfahrbar und sichtbar. Dieses Prinzip hat natürlich auch in allen großen spirituellen Lehren seinen Niederschlag gefunden, so etwa im Yoga als dem größten der vier Maha Vakyas, den vier großen Weisheiten, welches besagt: „*Tat Tvam Asi*" – „*Das bist Du*".

Wir können daher mit Sicherheit davon ausgehen, dass, wenn uns etwas im Außen stört, in unserem Inneren etwas in Unordnung ist. Sei es bedingt durch längst verdrängte Erlebnisse, unliebsame Erfahrungen in der Vergangenheit, Angst und Neid, oder durch ein unausgelebtes Bedürfnis, unerfüllte Wünsche und Sehnsüchte, ein geringes Selbstwertgefühl, irgendein geglaubter Mangel in uns selbst, den wir im Außen zu erkennen meinen. Was auch immer es ist, die Antwort finden wir stets und ausschließlich in uns selbst. Das Bewusstsein des Mangels, des Opfertums ist nur ein künstlich erschaffenes Bewusstsein, es dient uns nicht und es ist an der Zeit, dass wir es umwandeln in ein Bewusstsein der Fülle, indem wir erkennen, dass alles da ist, was wir benötigen. Dass wir den Schlüssel für ein Leben in Harmonie, Freude und Lebendigkeit in uns selbst tragen, dass wir dazu nichts aus dem Außen benötigen, sondern nur unsere inneren Einstellungen, Glaubenssätze und unbewussten Energien ändern müssen, um all das zu bekommen, was wir uns sehnlich wünschen. Die dazu notwendige Erkenntnis erlangen wir über das Gesetz der Entsprechung, indem wir lernen unser Leben zu lesen und den Mut aufbringen nicht mehr wegzusehen bzw. die Schuld anderen zuzuschieben, wenn es für uns unangenehm wird....

Wenn wir das Prinzip „Wie oben, so unten - Wie innen, so außen" bewusst anwenden, es erkennen und annehmen, haben wir einen Zugang zu uns selbst, der für uns - ohne den vorgehaltenen Spiegel unserer Umwelt/Mitmenschen, in dieser Form nicht zugänglich wäre. Wir suchen meistens die Schuld im Außen, da wir die Muster des Schmerzes, des Leidens nicht in uns selbst erkennen können bzw. wollen. Wenn mich etwas an jemandem so richtig aufregt und ich mich ärgere, dann hat es mit Sicherheit mit einem noch mächtigen ungelösten Schatten in mir selbst zu tun. Es ist somit mein Thema/mein Problem und mein Gegenüber ist nur das Werkzeug, um es mir aufzuzeigen. In diesem Sinne sollte ich jeden Menschen, über den ich mich ärgere, zutiefst dankbar sein und ihn als einen grossen Lehrer für mich anerkennen. Auch, wenn uns das am Anfang noch sehr schwer fällt, so wird es doch mit einiger Übung leichter und es beginnt sich damit auch das Thema „Schuld" zu wandeln und eine völlig neue Bedeutung anzunehmen. Mehr dazu bei der Besprechung des nächsten Gesetzes...

Dieses Prinzip gilt natürlich auch in der umgekehrten Situation, wenn wir für unser Gegenüber nur das Werkzeug sind und den Anderen an uns etwas furchtbar stört. Dann ist es sein Problem und wir brauchen uns nicht schuldig zu fühlen. Es ist sehr wichtig, dass wir hier unterscheiden: Habe ich etwas zu ändern und daraus zu lernen oder bin ich nur ein Spiegel für mein Gegenüber und er/sie hat durch mich etwas zu lernen. Es geht nicht darum, uns zu verändern, um die Anderen zufrieden zu stellen und deren Erwartungen zu erfüllen. Viel wichtiger ist es, dass wir mit uns selbst zufrieden und mit all unseren Ebenen im Einklang sind. Wo ich nichts erwarte, kann ich nicht enttäuscht werden.

Die praktischen Anwendungen dieses Gesetzes sind vielseitig, auch die Wissenschaft bedient sich gerne dieses Prinzips. So etwa die alternative Medizin, Homöopathie, die Astrologie, sie alle beruhen auf diesem Prinzip. Zur Astrologie ein Beispiel: Durch die Beobachtung der Gestirne, in welchem Winkel die einzelnen Planeten zum Zeitpunkt unserer Geburt zueinander stehen, stellt sich das Geburtshoroskop zusammen. Daraus können wir dann Rückschluss auf unsere Persönlichkeit finden. Der Mensch ist das getreue Abbild des makrokosmischen Universums, wir können im Außen nichts finden, was nicht auch in der Analogie in unserm Inneren zu finden ist und umgekehrt. Deshalb stand über dem Tempel zu Delphi: *„Erkenne dich selbst, damit du Gott erkennst."*

Hinter dieser Weisheit steckt enorm viel Potenzial. Es gibt so vieles in uns selbst zu erforschen und zu entdecken, wir sind so unendlich wie das All selbst. Durch das zweite Gesetz haben wir die Möglichkeit, uns selbst durch das Außen zu erkennen, darin liegt sein unschätzbar hoher Wert. Ohne Meditation, oder sonstige spezielle spirituelle Praktiken können wir uns direkt im Alltag mitten im Leben stehend selbst erkennen. Jeden Tag aufs Neue. Es bringt eine große Leichtigkeit mit sich, wenn wir bereit dafür sind, immer und überall einen Schritt näher zu unserem wahren Selbst zu gelangen. Erst, wenn wir wirklich und wahrhaft Eins mit uns selbst sind, können wir uns auf den Weg machen und die Welt Stück für Stück veredeln. Das ist die wahre Schule des Lebens.

In der Natur können wir das Prinzip der Entsprechung durch den fraktalen Aufbau der Natur wunderbar beobachten. Bei einem Baum z.b. sehen wir bei genauer Betrachtung, dass jedes einzelne Blatt denselben Aufbau hat wie der Baum selbst. In jeder einzelnen Zelle ist die gesamte Information über den Menschen enthalten und so gibt es unzählige Beispiele in der Natur, um das Gesetz wie oben, so unten, oder wie im Großen, so im Kleinen, besser zu verstehen.

Die geistigen Entsprechungen spiegeln sich auch in unserem Wohlbefinden wieder. Wenn physisch etwas in Unordnung ist, wir krank sind oder uns unwohl fühlen, können wir uns sicher sein, dass auch auf der geistigen Ebene etwas in Unordnung ist. Disharmonie auf der physischen Ebene bedeutet für uns, die Ursache dafür in der geistigen Ebene zu suchen und dabei wirklich in aller Gründlichkeit alle Ebenen zu durchforsten. Sobald wir der Sache auf den Grund gehen, die dahinter liegenden krankmachenden geistigen Ursachen erkennen, erfahren wir daraus ganzheitliche Harmonie und können wieder zurückkehren zu unserem ursprünglichen heilen Zustand.

Wir wollen geliebt werden. Wir möchten Aufmerksamkeit und Beachtung. Wir fühlen uns geliebt über Leistungen im Außen. Das beginnt leider oft schon im Kindesalter. Bin ich brav, ordentlich und falle im Unterricht nicht unangenehm auf, schreibe ich in der Schule gute Noten, sind die Eltern und Lehrer mit mir zufrieden, sie loben und lieben mich. Daraus entstehen nur allzu oft eingespielte Verhaltensmuster, starre Glaubenssätze, die sich in der Folge in unangenehmen Erfahrungen im Außen spiegeln. Diese Glaubenssätze entstehen auch dadurch, wenn wir als Kind immer wieder dieselben Vorwürfe, Aussagen und Kritiken zu hören bekommen, wie „Du hast kein Talent, du bist nicht begabt, du bist ein hoffnungsloser Fall" oder „Du bist immer krank, dein Immunsystem ist so schwach, also ein Sportler wird aus dir sicher nie werden." Spüren Sie, wie diese Worte auf Sie wirken und jetzt stellen Sie sich ein vorurteilsfreies, naives, im Sinne von vertrauensvolles, Kind vor. Wie tief sich diese in Wahrheit unwahren Glaubenssätze festsetzen und zu eigenen Mustern erstarren, die dann später im Leben Erfahrungen des Mangels nach sich ziehen.

Um von der Außenwelt angenommen und geliebt zu werden, nehmen wir so einiges in Kauf. Im schlimmsten Fall entfernen wir uns immer mehr von uns selbst, von unserem wahren Ich, werden angepasste Individuen, die ihre Bedürfnisse an die Erwartungen anderer angleichen. Wir sind nicht mehr authentisch und verbringen das restliche Leben auf der Suche nach uns selbst, nach unserer Authentizität. Viele unserer sogenannten Mangelzustände, in Form von Verletzbarkeit, Unsicherheit, Abhängigkeiten, geringem Selbstwertgefühl entstehen in der Kindheit, durch Erziehende, die es einfach nicht besser wussten und die selbst in solchen Verhaltensmustern groß geworden und erstarrt sind. Bringen wir endlich den Mut auf, neue Wege zu beschreiten, alte Muster aufzulösen und uns von festgefahrenen Glaubenssätzen zu loszusagen. Wer, wenn nicht wir, durchbricht endlich diese über Jahrtausende festgefahrenen erstarrten Muster, die so viel Unheil, Krieg, Leid und Getrenntheit in die Welt brachten und immer noch bringen. Wer, wenn nicht wir, wann, wenn nicht jetzt!

Wichtig ist es stets zu unterscheiden, geht es mir gut mit dem was ich denke, fühle, tue, komme ich meinem Inneren Kind dadurch wieder näher, dient es meiner Heilung, auf körperlicher und geistiger Ebene, erfahre ich so tiefe innerliche Zufriedenheit oder erwarte ich mir dafür Anerkennung, Bewunderung und Liebe von Außen? Was erlangen wir durch Beziehungen und Situationen, die uns nur Energie rauben, die uns viel Substanz kosten, uns ermüden und letztendlich unseren Alterungsprozess beschleunigen? Wahres Anti-Aging für Körper und Geist beginnt mit der Akzeptanz der Gegebenheiten in unserem Leben, die wir im Moment nicht ändern können, damit, sie in Liebe anzunehmen, unsere Widerstände loszulassen und es endet damit, klare und bewusste Entscheidungen für unser Leben zu treffen, dahinter zu stehen mit allen Konsequenzen und dafür auch die Verantwortung zu übernehmen.

Dienliches von nicht Dienlichem zu unterscheiden ist wahrlich eine herausfordernde Aufgabe. Leichtigkeit und Freude folgen dann meist ganz von selbst. Wir werden wieder mutig, authentisch, sind zufrieden und brauchen nicht mehr im Außen die Wertschätzung und Anerkennung für unser Ego zu suchen. Wenn wir uns mit den alltäglichen Gegebenheiten versöhnen, erlangen wir wieder mehr Klarheit. Wenn wir alte seelische Verletzungen heilen und dazu sind wir absolut im Stande, jeder einzelne von uns, werden wir uns unseres Selbst immer klarer und bewusster. Wir würdigen und wertschätzen unsere göttliche Essenz und sind nicht mehr länger bereit dazu, uns von anderen manipulieren zu lassen, unser wahres Wesen zu verleugnen, um es anderen recht zu machen oder zu gefallen.

Durch jede Situation und Beziehung kann ich wachsen, wenn ich bereit bin, die Information dahinter zu erkennen, die Aufgabe und Herausforderung anzunehmen, die mir das Leben stellt. Wir werden so zu immer selbstbewussteren, fähigen Menschen, die das Leben im Griff haben und sich ihrer ursprünglichen Lebensaufgabe voll und ganz bewusst sind. Das ist die Qualität des angebrochenen neuen Zeitalters, die gelebt werden möchte, die sich immer mehr verbreitet und an der wir Anteil nehmen und Teil haben dürfen.

Vergebung, in erster Linie uns selbst gegenüber, ist der Schlüssel zu wahrer und reiner Liebe. Wir können nicht erwarten, dass unsere Zukunft schön und rosig wird, wenn wir unsere Vergangenheit nicht vollständig gesäubert haben und noch an ihr haften. Erst, wenn wir unser bisheriges Leben als vollkommen neutrale, wertfreie Erfahrung zu sehen beginnen und dankbar annehmen können, kommen wir in eine bewusste, freudvolle Schöpferkraft unserer Zukunft. Wir können so unser Leben in eine neue Ordnung bringen.

Es gibt keine Zufälle, alles entspricht diesen Gesetzmäßigkeiten. Wie es im Kybalion so schön heißt:

„Zufall, ist nur der Name, für ein noch nicht erkanntes Gesetz."

Wie ein Wunder und doch nur ein schlichtes Naturprinzip! Hinter jedem Ereignis steht ein Gesetz. Dieses Gesetz können wir zwar oft durch Maya, so wird der Schleier der illusionären Wahrnehmung der Wirklichkeit in spirituellen Kreisen genannt, nicht erkennen. Dies berechtigt uns jedoch nicht, dessen Existenz zu leugnen. Denn die Steine fielen auch zu jenen Zeiten gesetzmäßig nach unten, als die Menschen das Fallgesetz noch nicht entdeckt hatten.

3. Das Gesetz der Schwingung

"Nichts ruht; alles bewegt sich; alles schwingt."
Das Kybalion

Das ist das Prinzip, welches schon vor vielen tausend Jahren von den hermetischen Meistern erkannt worden ist und auch in der griechischen Philosophie immer wieder auftaucht. Es ist dann für längere Zeit in Vergessenheit geraten. Im Laufe des 19. Jahrhunderts wurde dieses Gesetz durch die modernen Wissenschaften wieder erkannt und seit dem 20. Jahrhundert, als die Wissenschaften ihren großen Siegeszug gehalten haben - insbesondere im Zuge der Quantenphysik - ist unbestritten und klar bewiesen, dass alles schwingt. Dass sowohl Materie schwingt, als auch alle Formen von Gedanken und Gefühlen, von Kraft, von Energie, Elektrizität, Magnetismus, all diese Erscheinungsformen manifestieren Schwingungen, lediglich in unterschiedlich hohen Frequenzen.

Je langsamer etwas schwingt, desto fester ist es für unsere Sinne. Materie ist das am niedrigsten/langsamsten Schwingende; die Form der Existenz, die sich am Weitesten entfernt von ihrer Quelle, dem All, seinem Ursprung, manifestiert hat. Sie erscheint uns daher als fest. Je höher etwas schwingt, desto weiter gelangt es wieder zurück in Richtung der göttlichen Quelle, in Richtung des Alls und desto feinstofflicher und höher schwingend ist es somit. Dies ist auch das Prinzip, dass der Einteilung der verschiedenen Ebenen im Gesetz der Entsprechung zugrunde liegt.

Die drei Eingeweihten beschreiben die Ähnlichkeit und Unterschiede der Sichtweisen der hermetischen Philosophie und der modernen Wissenschaften rund um dieses Thema im Jahre 1908 wie folgt:

„Fürs erste lehrt die Wissenschaft, daß alle Materie in gewissem Grade die Schwingungen manifestiert, die durch Temperatur oder Wärme entstehen. Ist ein Gegenstand heiß oder kalt - beides sind nur Grade desselben Dinges - er manifestiert gewisse Wärmeschwingungen und ist in diesem Sinne in Bewegung und Schwingung. Vom Körperchen bis zu den Sonnen sind alle Teile der Materie in kreisender Bewegung. Die Planeten drehen sich um die Sonne und viele von ihnen drehen sich um ihre eigene Achse. Die Sonnen bewegen sich um größere Mittelpunkte, von diesen Mittelpunkten glaubt man, dass auch sie sich um noch größere bewegen und so weiter, bis ins Unendliche. Die Moleküle, aus denen die einzelnen Arten der Materie zusammengesetzt sind, sind in einem Zustand fortwährender Schwingung und Bewegung umeinander und gegeneinander. Die Moleküle sind aus Atomen zusammengesetzt, welche

gleicherweise in einem Zustand andauernder Bewegung und Schwingung sind. Die Atome sind aus Körperteilchen, manchmal "Elektronen", "Ionen" genannt, zusammengesetzt, welche auch in einem Zustand rascher Bewegung sind, sich umeinander drehen, und eine sehr rasche Schwingungsart manifestieren. So sehen wir, dass, in Übereinstimmung mit dem hermetischen Prinzip der Schwingung, alle Formen der Materie Schwingung manifestieren.

Und so ist es auch mit den verschiedenen Formen der Energie. Die Wissenschaft lehrt, dass Licht, Wärme, Magnetismus und Elektrizität nur Formen schwingender Bewegung sind, in gewisser Weise mit dem Äther zusammenhängend, wahrscheinlich vom Äther ausgehend. Der Wissenschaft ist es bis jetzt noch nicht gelungen, die Natur der Phänomene zu erklären, die als Kohäsion, chemische Affinität und Gravitation bekannt sind. Kohäsion ist das Prinzip der Molekular-Anziehung, chemische Affinität ist das Prinzip der Atom-Anziehung; Gravitation (das größte Geheimnis unter den dreien) ist das Prinzip der Anziehung, durch welche jeder Teil und jede Masse von Materie an jeden anderen Teil und jede andere Masse gebunden ist. Diese drei Energieformen werden von der Wissenschaft noch nicht verstanden, doch neigen die Fachautoren zu der Ansicht, dass auch sie Manifestationen einer Form von schwingender Energie sind, eine Tatsache, welche von den Hermetikern seit undenklichen Zeiten erkannt und gelehrt wurde.

Der universale Äther, der von der Wissenschaft vorausgesetzt wird, ohne dass sie seine Natur klar verstehen würde, wird von den Hermetikern als eine höhere Manifestation dessen angesehen, was irrtümlich Materie genannt wird - will sagen, als Materie von höherem Schwingungsgrad - und wird von ihnen "ätherische Substanz" genannt. Die Hermetiker lehren, dass diese ätherische Substanz von außerordentlicher Dünnheit und Elastizität ist, den universalen Raum durchdringt und als Übertragungsmedium für Wellen schwingender Energie (Wärme, Licht, Elektrizität, Magnetismus usw.) dient. Die Lehren gehen dahin, dass die ätherische Substanz ein Bindeglied ist zwischen den als "Materie" bekannten Formen schwingender Energie einerseits und "Energie und Kraft" andererseits; auch dass sie einen nach Maß und Art vollständig eigenen Schwingungsgrad manifestiert."

Das Prinzip der Schwingung ist im täglichen Leben das Hauptwerkzeug, welches uns als praktische Nutzung der Geistigen Gesetze für unsere persönliche Transformation zur Verfügung steht. Das Kybalion geht sogar so weit, dass es besagt: Wer das Prinzip der Schwingung versteht, hat das Zepter der Macht erlangt. Warum sieht das Kybalion dieses Prinzip als so wichtig an? Weil wir über das Gesetz der Schwingung jeden gewünschten Geisteszustand herstellen können. Wenn wir fühlen, dass wir eine destruktive, niedrig schwingende Emotion haben, also Emotionen die uns und unsere Umwelt hinab ziehen, die eine Schwere mit sich bringen wie z.B. Wut, Neid, Ärger, Traurigkeit - all diese Emotionen schwingen sehr niedrig - ist es uns möglich, diesen Zustand umzuwandeln, in Emotionen, die höher schwingen, in Emotionen der Freude, des Mitgefühls, der Liebe, der Dankbarkeit, der Hingabe usw.

Die Natur tentiert dazu, immer zum höher Schwingenden, also in Richtung der Quelle, zu streben. Die vorgegebene Richtung, die von der Natur begünstigt wird, ist somit der Pol der höheren, der schnelleren Schwingung, der uns vom tiefsten Punkt der materiellen Daseinsform in immer höhere Zustände und Schwingungsgrade führt. Das können wir uns zu Nutze machen, wenn wir mit dem Prinzip der Schwingung arbeiten.

Um sich dieses Gesetz ein wenig plastischer vorstellen zu können, gibt es im Kybalion ein anschauliches Bild, welches an dieser Stelle als Beispiel erklärt werden soll: Ein Gegenstand, in diesem Fall ein Rad, beginnt sich langsam zu drehen. Wir können nun mit unseren Augen klar sehen, wie sich das Rad dreht, aber wir nehmen noch kein Geräusch oder sonstiges wahr. Doch wenn sich das Rad schneller zu bewegen beginnt, nehmen wir einen Ton, ein tiefes Brummen wahr. Dreht sich das Rad noch schneller und schneller, nehmen wir nach und nach die einzelnen Töne der

Tonleiter wahr. Bis zum höchsten Ton hin, den wir mit unserem Gehörsinn noch wahrnehmen können. Wenn wir keinen Ton mehr hören (unsere Sinne arbeiten ja lediglich in einem äusserst begrenzten Frequenzbereich und können damit nur einen geringen Teil der Wirklichkeit wahrnehmen) und sich das Rad immer schneller dreht, sehen wir theoretisch gesehen ein tiefes Rot. Wenn wir uns dieses Gedankenspiel des sich immer schneller drehenden Rades weiter vorstellen, beginnen wir nacheinander das Farbspektrum von rot, orange, gelb, grün, blau, indigoblau bis hinauf zu violett zu sehen.

Angenommen der Gegenstand dreht sich noch schneller, können wir auch die Farben nicht mehr sehen, denn ultraviolett, bleibt unserem Auge verborgen. Dann kommen die Röntgenstrahlen, das Phänomen der Elektrizität und des Magnetismus, all das sind noch Bereiche, die auch die Wissenschaft nachvollziehen kann. Es sei hier bitte erwähnt, dass dies ein hypothetisches Experiment ist, denn wenn man beginnt Röntgenstrahlen wahrzunehmen, sind die Atome bereits zerfallen und dieser Gegenstand würde aufhören zu existieren.

Die Wissenschaft hört an diesem Punkt nun auf, sie ist noch nicht bereit weiter zu denken, was passieren würde, wenn sich der hypothetische Gegenstand mit einer noch höheren Geschwindigkeit weiter drehen würde. Die Hermetiker gehen hier jedoch noch weiter. Wenn sich der Gegenstand sozusagen aufgelöst hat, in all seine Bestandteile und alle Atome zerfallen sind, kann die Schwingung trotz alledem noch weiter zunehmen und durchläuft dann alle Bereiche der mentalen, geistigen Schwingung. Das heißt, hier erscheinen dann Gedanken, Gefühle, alle geistigen Ebenen, bis hin zum spirituellen Bereich. Auch in den ersten Ebenen des spirituellen Bereichs, sind noch Schwingungen bzw. Bewegung vorhanden, bis hin in die höchste Ebene; die Bewegung kehrt hiermit zurück in den Ursprung. Die Evolution hat damit in der Involution ihre Bestimmung und ihr Ziel gefunden. Der ewige Kreislauf, in dem Universum um Universum erschaffen und ausgeschüttet wird, sich wieder einsammelt und eingeht in den ewigen göttlichen Schoss.

Der berühmte Mathematiker Burkhard Heim hat diesen Punkt, das All/Gott als den „Unbewegten Beweger" bezeichnet. Er war es auch, der die Wirklichkeit aus 12 verschiedenen Dimensionen bestehend berechnet hat, und zwar hat er dies aus zwingend logischen, rein mathematischen Gründen geschlussfolgert. Doch bis heute sind die besten Mathematiker der Welt kaum in der Lage sein Gedankengebäude nachzuvollziehen. Ansonsten wäre die Wissenschaft vielleicht schon einen Schritt weiter. Von diesen 12 mathematisch berechenbaren Dimensionen nehmen wir mit unseren Sinnen lediglich die ersten vier wahr - Länge, Breite, Höhe und Zeit – und meinen, dies wäre die gesamte Wirklichkeit. Nur weil wir mit unseren begrenzten fünf Sinnen nicht mehr erfassen können.

Je niedriger eine Schwingung ist, umso erkenn- bzw. erfahrbarer ist sie für uns, umso leichter können wir ihre Existenz wahrnehmen. Je höher die Schwingungsfrequenz, desto unsichtbarer und unwahrnehmbarer wird sie für unsere Sinne. Der Schwingungsgrad bestimmt also unsere Wahrnehmung. Umso langsamer/niedriger etwas schwingt, desto grobstofflicher ist es, umso schneller/höher etwas schwingt, desto feinstofflicher wird es.

Ein guter Parameter im Alltag, an dem wir unsere Schwingung ablesen können, ist unsere Stimmung, da beide Phänomene direkt miteinander verbunden sind. Wir können uns wohl gut vorstellen, wie niedrig wir schwingen, wenn wir verärgert, schlecht gelaunt sind, wenn wir negative Gefühle haben. Womit wir uns hier als Menschen auseinander setzen dürfen, sind die Schwingungsebenen unserer Atome, die Ebenen der Materie, die sich von grobstofflichster Ebene immer weiter „entdichten" bis in immer höhere Ebenen des Geistes. Unser Bewusstsein hat sich dabei immer weiter zu verfeinern und zu entfalten, bis es sich wieder seines Ursprungs gewahr wird und sich bis in die Ebenen des höchsten, reinen Geistes emporschwingen kann. In den höchsten Ebenen befindet sich die göttliche Quelle, hier entstehen die Ursprungsideen.

Diese Ursprungsideen bezeichnen wir im Christlichen als die Erzengel, sie verkörpern bestimmte grundlegende Kräfte und Ideen. Ein Universum wird geboren mit der Idee zu einer bestimmten Erfahrung, durch die Entstehung einer gemeinsamen geistigen Idee, die dann Form annimmt. Die Form ist die Verlangsamung und so entstehen dann nach und nach die verschiedenen Ebenen der Materie. Unser Universum hat die Idee der Erfahrung der Liebe in Form der Trinität, also der Zahl Drei. Das ist die spezielle Erfahrung, die unserem Universum zugrunde liegt. So wie wir unsere Ideen, die erst in unserem Geist entstehen, verwirklichen, bis sie materielle Form annehmen. Jeder, der schon kreativ seine Ideen in der Welt umgesetzt hat, kann diesen Vorgang nachvollziehen und bestätigen.

So können wir uns den Prozess der Schöpfung über das Gesetz der Entsprechung auch in den Ebenen des rein Geistigen vorstellen, wo auf diese Weise Universen geschaffen werden. Die unvorstellbare Kreativität ist dabei die Fähigkeit immer Neues auszuprobieren, immer neue Universen zu schaffen, ein Prozess ohne Anfang und Ende, für unser menschliches Gehirn, das selbst Produkt dieses Prozesses ist, nicht vorstellbar. Alle diese Ideen beginnen, sobald sie in Form ´gegossen´ werden, zu schwingen und werden damit Teil unserer materiellen Erfahrung.

Das einzig beständige der Schwingung, ist die Erkenntnis, dass nichts beständig ist, sich alles verändert, nichts ruht, alles in ständiger Bewegung ist. Im Universum kreisen die Planeten um die eigene Achse, unsere Sonne kreist wieder um die nächste Sonne bis hin zur Zentralsonne. So können wir uns vergegenwärtigen, wie das Weltall in ständiger Bewegung ist, nichts jemals zum Stillstand kommt oder an ein Ende gelangt. Wie auch die alten

Griechen erkannten: „Panta rhei – alles fließt". Auch wir befinden uns in ständiger Bewegung, unsere Gedanken kreisen wie die Planeten um ihre eigene Achse, produzieren dabei immer weitere neue Gedanken.

Mit dem Gesetz der Schwingung haben wir ein wunderbares Werkzeug an der Hand, mit dem wir im Alltag arbeiten können, um unsere Gefühle und Gedanken besser zu steuern. Wir können uns dieses Prinzip zunutze machen, wenn wir die Dinge anziehen wollen, die uns dienlich sind, indem wir uns in eine höhere Schwingungsfrequenz bringen, auf ein Niveau, welches uns erlaubt das Gewünschte gesetzmäßig anzuziehen. Denn wie eine Stimmgabel beim Anschlagen unter einer Vielzahl von unterschiedlich gestimmten Stimmgabeln lediglich diese mitschwingen wird lassen, die auf der gleichen Frequenz gestimmt ist, ebenso ziehen wir aufgrund der gleichen Gesetzmäßigkeit nur solche Erfahrungen in unser Leben, die auf der gleichen Frequenz schwingen wie unsere eigenen Gedanke, Gefühle und unbewussten Energien. Wenn wir negative Emotionen wie Eifersucht, Neid, Wut, Intoleranz, Angst in uns spüren und sie wachsen lassen, schlagen wir sozusagen eine derart niedrig schwingende Stimmgabel an und ziehen somit Erfahrungen an, die genau der Schwingungsfrequenz dieser Emotionen entsprechen.

Wir begeben uns damit in einen sich selbst verstärkenden Kreislauf, denn die negativen Erfahrungen veranlassen uns zu weiteren negativen Gedanken und Emotionen, die wiederum ebensolche Erfahrungen in unser Leben bringen. Das bedeutet, wenn wir negative Erfahrungen haben, sollten wir richtigerweise mit positiven Gefühlen und Gedanken darauf reagieren, um den ansonsten einsetzenden „Teufelskreislauf" zu unterbrechen. Es ist daher von zentraler Bedeutung, dass wir uns immer unserer aktuellen Situation bewusst sind, sie erkennen, dann eine bewusste innere Reaktion darauf wählen, das heißt, unseren Schwingungsgrad erhöhen, anstatt unbewusst in negativen Gedanken und Verhaltensmustern stecken zu bleiben.

Unser Schwingungsgrad wirkt sich natürlich auch auf unsere körperliche Ebene aus. Wenn wir tiefer schwingen, sind wir anfälliger für Erkältungen, Viren und Bakterien. Wir verfügen nicht über ein starkes Bewusst-Sein für unseren Körper, für unser Umfeld und schon gar nicht für unsere Umwelt. Ebenso in der Ernährung - eine saisonale, leichte vegetarische und natürliche Ernährung schwingt viel höher und ist damit viel gesünder als eine schwere, tierische, importierte, industriell hergestellte Nahrung. Wir können uns bewusst an Hand von Ernährung, durch Heilfasten, durch bewusste Atmung und Bewegung in eine höhere, reinigende, heilende Schwingung bringen.

Auch ausgewählte Musik, Tanz, Spaziergänge in der Natur, spirituelle Literatur und vor allem Yoga, Tai Chi, Qigong sind wunderbare, sehr heilend wirkende Praktiken, die uns dabei unterstützen in harmonische Resonanz mit uns selbst zu gehen. All das sind Möglichkeiten, die uns helfen, wieder mehr in unsere Mitte zu gelangen und auf Dauer in ihr zu verweilen. Die höhere Schwingung setzt sich dabei gegenüber der niedrigeren Schwingung immer durch, da dies die vorgegebene Bewegungsrichtung der Natur ist.

Wenn wir begreifen wie wir unsere Schwingung jederzeit erhöhen können, haben wir in der Tat das Zepter unseres eigenen Glückes in der Hand. Wir dürfen uns endlich bewusst werden, dass kein anderer für unser Gefühlsleben zuständig ist als wir selbst. Wir haben den Schlüssel selbst in der Hand und entscheiden, wie wir ihn einsetzen wollen. Wir können ihn für uns oder gegen uns verwenden, das ist einzig und allein unsere Entscheidung...

4. Das Gesetz der Polarität

"Alles ist zweifach; alles hat zwei Pole; alles hat seine zwei Gegensätze; Gleich und Ungleich ist dasselbe; Gegensätze sind ihrer

Natur nach identisch, nur im Grad verschieden - Extreme begegnen einander; alle Wahrheiten sind nur Halb-Wahrheiten, alle Paradoxe können in Übereinstimmung gebracht werden."
Das Kybalion

Das Prinzip „Alles ist zweifach, alles hat zwei Pole" ist uns aus der Natur wohlbekannt, wir finden es in den polaren Manifestationen von Tag und Nacht, männlich und weiblich, Ebbe und Flut, etc.. Das Prinzip „Gegensätze sind ihrer Natur nach identisch, nur im Grad verschieden" erkennen wir etwa am Beispiel von Hitze und Kälte. Diese sind der Natur nach identisch, die Unterschiede bestehen nur im Grade. Das Thermometer zeigt viele Grade, der niederste Pol wird "Kälte", der höchste "Hitze" genannt. Zwischen diesen beiden Polen sind viele Grade von "Wärme" und „Kälte". Der höhere von zwei Graden ist immer "wärmer", während der niedrigere immer "kälter" ist. Doch es gibt keinen absoluten Maßstab, alles ist nur vom Grade abhängig. Es gibt keinen Punkt am Thermometer, wo Wärme aufhört und Kälte beginnt. Das ist die naturgegebene Polarität in der unser materielles Sein eingebettet ist. Wie bei den vorangegangenen Prinzipien, spielt das Schwingungsprinzip auch für das Prinzip der Polarität eine bedeutende Rolle, da etwas nur zwischen zwei Polen schwingen kann. Gäbe es nur einen Pol, wäre weder Bewegung noch unsere materielle Welt - einschließlich unserer materiellen Körper - möglich. Materie beruht auf dem Prinzip der Polarität.

Die aufgrund der vorgenannten Gesetze natürlich bedingte Polarität wird in unseren alltäglichen Sichtweisen und Einstellungen allerdings verhängnisvoller Weise oft gleichgesetzt mit Dualität. Hier gilt es klar zu unterscheiden zwischen Polarität und Dualität. Die Polarität ist ein Prinzip, welches uns von der Natur gegeben ist, hingegen ist die Dualität eine rein künstliche Erschaffung des menschlichen Geistes. In der Dualität unterscheiden wir zwischen Gut und Böse, bewerten alles nach unseren menschlichen, persönlichen Maßstäben.

Im natürlichen Verständnis sind positiv und negativ polare Gegensätze, haben aber nichts damit zu tun, dass das Eine gut und das Andere schlecht ist. Diese bewertende Unterscheidung hat sich aus unserem dualen Weltverständnis gebildet und genau diese einschränkende duale Sichtweise muss sich auflösen, wenn wir uns als Individuen und als Menschheit insgesamt weiterentwickeln wollen, wenn wir eine höhere Stufe des Bewusstseins erlangen wollen. Solange wir im bewertenden Bewusstsein, das alles fein säuberlich einteilt in gut und böse hängen bleiben, gibt es für uns als Menschen keine Weiterentwicklung, werden weiter Getrenntheit, Hass und Krieg erschaffen. So werden wir die Folgen unserer unseligen und folgenschweren dualen Sichtweisen zu erfahren haben, bis wir endlich durch den Schmerz und das Leid, das sie uns bringen, beginnen zu erkennen.

Solange die Schwingung der Getrenntheit und damit der Angst in uns ist, wird diese duale, trennende Bewertung lebendig bleiben und wir werden nicht frei sein können. Das, was wir oft als vermeintlich schlecht empfinden, ist für uns genauso dienlich und lehrreich wie das vermeintlich gute, zumeist sogar viel dienlicher, weil es uns aufzeigt, wo es in unserem Inneren noch dunkle, unbewusste Stellen gibt. Und weil es uns für gewöhnlich doch zum Nachdenken anregt.

Die natürliche Polarität findet sich auch im Charakter, in der Persönlichkeit, denn es ist nicht alles gleich, wie es in manchen spirituellen Kreisen oft proklamiert wird. Es gibt die natürlichen Unterschiede von Stärkeren und Schwächeren, jedoch völlig wertfrei. Das Stärkere ist nicht das Bessere, das Schwächere nicht das Schlechtere. Das kann uns einen neuen Umgang mit unseren Schwächen und einen klaren Blick auf sie ermöglichen. Diese Unterschiede sind in Ordnung und wichtig für unsere Erfahrungen und die daraus entstehenden Erkenntnisse.

Nun heisst es aber weiter im Kybalion „Gleich und Ungleich ist Dasselbe"; was bedeutet das für uns? Wie können wir dieses Phänomen im Alltag nutzen? Nehmen wir zum Beispiel wieder unsere (stets schwankenden) Stimmungen. Wenn wir in einer Situation etwa Angst empfinden, können wir, indem wir uns geistig eine Skala vorstellen - am unteren Ende steht Angst, am oberen Mut - durch geistige Transmutation unsere Schwingung und damit unsere Stimmung wie mit einem inneren Regler nach Belieben hinauf in Richtung Mut verschieben oder hinunter in Richtung Angst sinken lassen.

Indem wir unsere Schwingung bewusst beeinflussen, wenden wir gleichzeitig das Gesetz der Polarität – in der Entscheidung in Richtung welchen Pols ich sie verschiebe – und das Gesetz der Schwingung an, weil wir eine Schwingung in eine andere verwandeln. Das können wir mit allen Gefühlen und Bewusstseinszuständen machen, wir können uns in jeder Situation für Liebe oder Angst, für Fülle oder Mangel entscheiden. Wir können uns diesen Vorgang wie bei einem Mischpult vorstellen. Wir verschieben den Regler und dadurch verändert sich nicht nur unsere innere Befindlichkeit, sondern auch die Frequenz die wir in die Umwelt entsenden. Damit machen wir uns bereit, das von uns Erwünschte zu empfangen.

Dazu schreiben die drei Eingeweihten in ihrem Buch:

„Der Schüler, welcher mit den Prozessen vertraut ist, durch welche die verschiedenen Schulen mentaler Wissenschaft usw. die Veränderungen der mentalen Zustände jener hervorbringen, die ihren Lehren folgen, wird nicht sogleich das Prinzip verstehen, das vielen dieser Veränderungen zugrunde liegt. Wenn jedoch das Prinzip der Polarität einmal erfasst wurde und man gesehen hat, dass mentale Veränderungen von einer Veränderung der Polarität verursacht werden - einem Gleiten entlang derselben Skala - dann ist dies alles leichter zu verstehen. Die Veränderung besteht nicht in der Transmutation eines Dinges in ein anderes, von diesem vollkommen verschiedenen Ding - sie ist nur eine Änderung des Grades von gleichen Dingen, ein sehr wichtiger Unterschied."

Das bewusste Unterscheiden von Polarität und Dualität ist das eigentliche und größte Friedensprinzip, denn es kann uns zur allgemeinen Versöhnung der für uns als Gegensätze empfundenen Pole führen. Durch unsere fehlende Unterscheidungskraft und die ständige Verwechslung von Polarität und Dualität haben wir begonnen die natürliche Polarität in Gut und Böse zu trennen. Indem wir uns dieses Prinzip wieder bewusst machen und mit dem Gesetz arbeiten, erkennen wir, dass die vermeintlichen Gegensätze der Natur nach identisch sind, nur im Grade verschieden. Sie gehen ineinander über, es gibt keine Trennung wie in der vom Menschen erschaffenen dualen Sichtweise.

Als materielle Wesen tragen wir stets beide Pole in uns. Wer das Eine hat, hat im selben Maß auch das Potenzial für das Andere in sich – wo viel Licht dort auch viel Schatten. Wer Angst hat, hat dasselbe Potenzial an Mut in sich. Angst kann als das nicht gelebte Potenzial an Mut betrachtet und durch geistige Transformation in Mut verwandelt werden. Ein Mangel ist das nicht gelebte Potenzial an Fülle in uns. Diese Liste lässt sich endlos fortsetzen.

Beginnen wir also das Mischpult unserer Gefühle, Stimmungen und Einstellungen zu uns selbst und zu unserer Umwelt zu bedienen und die Regler in die für uns dienliche und optimale Richtung zu verschieben. Werden wir so in allen Bereichen unseres Lebens, in Gesundheit, Glück, Beziehungen, Freundschaften und Liebe zu machtvollen Schöpfern unserer eigenen Realität.

Dieses Gesetz ist ein wahres Geschenk für die Menschheit, denn wenn wir es gekonnt einsetzen, hebt sich somit jeder Streit auf und wo kein Streit ist, kein Zwist im Kleinen, da kann auch kein Krieg im Großen entstehen. Denn der Krieg beginnt im Kopf, ganz klein und unbemerkt mit der ersten feinen dualen Sichtweise. Im Grunde geht es uns doch immer nur darum, wer Recht hat und wer im Unrecht ist. Wie setze ich meine für richtig empfundene individuelle Meinung durch, drücke sie dem anderen auf.

Wenn wir erkennen, dass beide Pole ihre genau gleiche Gültigkeit und Berechtigung haben, beginnen wir immer mehr zu verstehen, dass jede Wahrheit nur eine halbe Wahrheit ist. Dass niemals einer ganz recht und der andere ganz unrecht haben kann. Dass es immer auf den Blickwinkel ankommt, den man gerade einnimmt. Ich wähne mich mit meiner Meinung nur immer im Recht, da ich eben die Sache nur aus meinem Blickwinkel betrachte. Dabei hilft eine einfache Verschiebung der Perspektive, um die Berechtigung der Sichtweise des anderen zu erkennen und damit zu verstehen, dass wir beide recht haben, dass jeder halb recht und halb unrecht hat. Dann gibt es keinen Anlass mehr, sich zu streiten, zu kämpfen und schon gar nicht Kriege zu führen.

So kann das Gesetz der Polarität als universales Versöhnungsprinzip verstanden und genutzt werden. Wenn ich erst erkannt habe, dass ich gesetzmäßig immer nur halb recht haben kann, ebenso wie mein Gegenüber immer halb recht haben muss, besteht keine Notwendigkeit mehr, dass ich meine Meinung durchsetze. Ich erfasse die Sinnlosigkeit dieser Bemühung und verstehe viel mehr, dass das höhere Ziel darin besteht, die unterschiedlichen Standpunkte zu integrieren und so eine Weltsicht zu erlangen, die dem Facettenreichtum der Wirklichkeit um Vieles gerechter wird als die singuläre Durchsetzung einer momentanen Einzelmeinung, selbst wenn es sich dabei um meine eigene handelt. Dadurch gelangen wir nicht nur immer mehr von einer Welt der Entzweiung und Getrenntheit zu einer Welt der Harmonie und Einheit; unser Leben wird zudem um vieles bunter, mannigfaltiger, interessanter und lebendiger. Ich beginne im Gegenüber nicht mehr den Feind bzw. Kontrahenten zu sehen, den es zu bekehren gilt, sondern ich erkenne die individuelle Seele, die ihren ganz persönlichen Beitrag zum grossen Schauspiel des Welttheaters liefert und freue mich über ihre Schönheit, und unterstütze sie dabei, ihren Beitrag zur Bereicherung aller in die Welt zu bringen.

5. Das Gesetz des Rhythmus

"Alles fließt, aus und ein; alles hat seine Gezeiten; alles hebt sich und fällt; der Schwung des Pendels äußert sich in allem; der Ausschlag des Pendels nach rechts, ist das Maß für den Ausschlag nach links; Rhythmus gleicht aus."
Das Kybalion

Das große hermetische Prinzip des Rhythmus steht mit dem Gesetz der Polarität in enger Verbindung. Rhythmus manifestiert sich zwischen den beiden Polen, die vom Prinzip der Polarität errichtet worden sind. Der Schwung des Pendels geht immer erst in der Richtung nach dem einen und dann in der Richtung nach dem anderen Pol. Dieses Gesetz besagt, dass alles in unserer Welt aus einem beständigen Auf- und Abstieg besteht, aus einem Werden und Vergehen, einem geboren werden und sterben. Bewegung verläuft immer von einem Pol zum anderen und zwar in einem rhythmischen Gleichmaß. Das Maß des Ausschlages des Pendels nach der einen Seite, entspricht dem Maß des Ausschlages des Pendels zur anderen Seite. Dies können wir in allen Erscheinungen der Natur im Kleinen beim rhythmischen Kreisen der Atome und Moleküle wie im Grossen beim Entstehen und Vergehen ganzer Sonnensysteme und Universen beobachten.

Alles Sein manifestiert sich in Aktion und Reaktion, in Fortschritt und Rückschritt, im Steigen und Sinken. So ist es mit allen lebenden Systemen, allen Pflanzen, Tieren und Menschen – überall in der Natur manifestiert sich der Rhythmus von Geburt, Wachstum, Reife, Verfall, Tod und dann neue Geburt. Selbst in unseren menschlichen Systemen, in der Erschaffung und Zerstörung von Nationen, Kulturen, Philosophien, Sitten, Bräuchen und Glaubensbekenntnissen. Alles, was ins Dasein tritt, wird, sobald es die Höhe seiner Macht erreicht hat, wieder den Prozess des Rückgangs beginnen. Es gibt keinen Stillstand, keine absolute Ruhe, kein Erlahmen der Bewegung und alle Bewegung unterliegt dem Gesetz des Rhythmus. Immerfort und ewig ist das "Ausatmen und Einatmen von Brahman", wie es in den Veden metaphorisch beschrieben wird, gegenwärtig.

Das bedeutet, wenn ich einerseits himmelhoch jauchzend bin, folgt andererseits ganz natürlich das zu Tode betrübt sein. Wenn wir dies erkennen, verstehen wir, dass wir nicht immer himmelhochjauchzend sein können, dass es natürlich ist, dass das Pendel wieder auf die andere Seite schwingen muss. Wir können das Prinzip des Rhythmus jedoch in seiner Auswirkung auf unsere Befindlichkeit neutralisieren, indem wir uns emotional nicht mehr mitreißen lassen, wenn das Pendel auf die andere Seite schwingt. Denn wir wissen, dass dies lediglich der natürliche Ausgleich ist, dem wir aber nicht folgen müssen wie die Lämmer, die zum Schafott getrieben werden. Indem wir uns mental auf dem positiven Pol festsetzen und unser Bewusst-Sein nicht vom Ausschlag des Pendels in Richtung des anderen Pols mitreißen lassen, sind wir den täglichen Ereignissen und Situationen nicht mehr hilflos ausgeliefert. Wir werden ausgeglichener, beständiger und stehen im wahrsten Sinne des Wortes über den Dingen. Wir werden so zu einem bewussten Mitschöpfer der Natur, nehmen unsere Befindlichkeit, unsere Stimmung, damit unsere Schwingung und damit unser Schicksal selbst in die Hand.

Das Zurückschwingen des Pendels wird das Gesetz der Kompensation genannt. Das bedeutet, alles wird ausgeglichen. Auf den Tag folgt die Nacht, auf Reichtum folgt Armut, auf Freude folgt Trauer. Dies muss sich nicht immer in einem Leben abspielen, sondern kann sich auch über mehrere Inkarnationen erstrecken. Dies ist der natürliche Verlauf des Lebens und es ist gut so, weil es zu unserem Erfahrungsreichtum beiträgt und unsere Seele reifen lässt. Das Leiden ergibt sich immer nur aus unserer persönlichen Bewertung. Reich ist gut, arm ist schlecht. Doch ist es wirklich so?

Sind wir in der Lage diese duale Weltsicht endlich loszulassen, dann gibt es keine Ursache für Leiden mehr. Reich oder arm, groß oder klein, alles ist gut wie es ist, alles ist göttlich. Wir erkennen so, dass auch Leid nur etwas von unserem Verstand künstlich Erschaffenes ist und uns in keiner Weise dient. Oft möchte dadurch nur unser kleines Ego genährt werden, das entweder in einer bestimmten Situation nicht loslassen kann oder auf diese passive Art Macht in seiner Umgebung ausüben möchte. Wenn wir in den unterschiedlichen, oft durchaus herausfordernden Phasen des Lebens loslassen, die Situationen annehmen und ihre Bedeutung für uns erkennen, können wir daraus lernen und diese Erfahrungen optimal für unsere Weiterentwicklung nutzen.

Unsere dualen Sichtweisen äußern sich häufig in extremen entweder-oder-Verhalten, einer Ausschließlichkeit, die Getrenntheit nach sich zieht und uns entzweit – von unseren Mitmenschen und von unserer eigenen Ganzheit. Gelingt es uns, unser Bewusstsein auf eine sowohl-als-auch-Sichtweise anzuheben, in der das Eine das Andere ergänzt, können wir wieder in unsere natürliche Ganzheit zurück finden. Individuell und auf gesamtgesellschaftlicher Ebene. Wie Yin und Yang gemeinsam ein Ganzes bilden. Denn das Eine wäre ohne das Andere nicht. Ohne Nacht gäbe es keinen Tag, ohne Ebbe keine Flut. Das Eine bedingt das Andere. Wir lernen dadurch mit den auf- und absteigenden Kräften der Natur besser umgehen zu können, sie uns zu Nutze zu machen. So können wir mehr und mehr erkennen, dass das Unangenehme uns im selben Masse dient wie das Angenehme. Wir werden fähig, neue Denkmuster zu entwerfen, die jenseits vom dualen Verständnis sind, denn wir begreifen, dass uns das duale Denken und Handeln nicht mehr dienlich ist, dass es neue mentale Konzepte benötigt.

Wir sollen danach streben, in eine Qualität zu kommen, in der wir nicht mehr so beeinflussbar und beeindruckbar von den Kräften sind, die um uns und in uns wirken. Indem wir etwa uns energetisch abgrenzen von der Stimmung anderer, unser Befinden nicht mehr von deren Meinungen abhängig machen. Durch die Einflüsse von außen können wir unsere wahre innere Stabilität messen. Je mehr wir in eine feste unerschütterliche Stabilität kommen, desto weniger sind wir hilflos dem äußeren Umfeld ausgesetzt, werden immer gefestigter und stabiler. Bis wir zu wahren Felsen in der Brandung werden und nicht mehr hilflos wie ein Stück Treibholz auf dem Ozean des Lebens umhergetrieben werden.

Die drei Eingeweihten schreiben dazu:

„Das Prinzip vom Rhythmus wird von der modernen Wissenschaft gut verstanden und wird, angewendet auf materielle Dinge, als universales Gesetz betrachtet. Die Hermetiker aber dehnen die Anwendung des Prinzips viel weiter aus; sie wissen, dass seine Manifestationen und sein Einfluss bis zu den mentalen Aktivitäten des Menschen reichen, dass dieses Prinzip die verwirrende Folge von Stimmungen, Gefühlen sowie andere unangenehme und verblüffende Veränderungen, die wir in uns selbst wahrnehmen, erklärt. Durch das Studium der Wirkungen dieses Prinzips haben die Hermetiker gelernt, manchen seiner Wirkungen durch Transmutation zu entgehen.

Die hermetischen Meister haben schon vor langer Zeit entdeckt, dass, obwohl das Prinzip vom Rhythmus unveränderlich und in mentalen Phänomenen immer evident ist, es doch zwei Pläne seiner Manifestationen gibt, soweit es mentale Phänomene betrifft. Sie entdeckten, dass es zwei Hauptpläne des Bewusstseins gibt, den niederen und den höheren. Das Verständnis dieser Tatsache befähigte sie, sich zum höheren Plan zu erheben und so dem Schwung des rhythmischen Pendels zu entgehen, welcher sich auf dem niederen Plan manifestierte. In anderen Worten, der Pendelschwung fand auf dem unbewussten Plan statt, und das Bewusstsein wurde nicht berührt."

Wir werden dieses Thema im nächsten Kapitel bei der Besprechung des Gesetzes der Neutralisation noch eingehend betrachten, da es für die Entwicklung eines neuen erweiterten Bewusstseins von fundamentaler Bedeutung ist.

6. Das Gesetz von Ursache und Wirkung

" *Jede Ursache hat ihre Wirkung; jede Wirkung hat ihre Ursache; alles geschieht gesetzmäßig; Zufall ist nur ein Name für ein unbekanntes Gesetz; es gibt viele Pläne von Ursachen, aber nichts entgeht dem Gesetz.*"
Das Kybalion

Das sechste hermetische Prinzip kann als das große Ordnungsprinzip des Universums betrachtet werden, denn es besagt, dass im Grunde nichts durch Zufall geschehen kann. Ein solcher Zufall hat in einem hochgeordneten System, wie es unser Universum darstellt, keinen Platz, denn es würde sofort das gesamte Gefüge zusammen brechen und in ein heilloses Durcheinander stürzen lassen. Wenn zufällig der Mond plötzlich in umgekehrter Richtung um die Erde kreisen würde, die Sonne zufällig einmal ein paar Tage aufhören würde zu strahlen, ja wenn selbst die kleinste Naturkonstante zufällig ein wenig von ihrem gewohnten Wert abweichen würde, wäre unserem Dasein hier auf Erden sofort ein jähes Ende bereitet. Ganz zufällig nur...

So erkennen die alten Hermetiker das, was wir gemeinhin als „Zufall" bezeichnen, lediglich als einen Ausdruck dafür, dass wir die Ursache noch nicht erkannt haben. Denn wie schon aus den vorhergehenden Gesetzen ersichtlich ist, so sind die Phänomene des Lebens kontinuierlich. Ohne Unterbrechung und ohne Ausnahme folgen sie den Gesetzen, dem rhythmischen Werden und Vergehen, den polaren Gegensätzen, der Schwingung und der Entsprechung aller Ebenen des Seins. Schon das erste Gesetz demaskiert die Legende vom Zufall. Denn woher soll der Zufall kommen? Wenn er nicht Teil des großen Schauspiels wäre, wenn er nicht aus dem Geiste des Alls selbst geboren wäre, woher sollte er dann kommen. Wo wir doch erkannt haben, dass es nichts außerhalb des Alls geben kann, da das All ja sonst nicht das All wäre. Ist es also gehalten im Geiste des Alls, so unterliegt es auch dessen Gesetzmäßigkeiten und kann sich nicht außerhalb dieser stellen.

Das Prinzip von Ursache und Wirkung ist auch Grundlage allen wissenschaftlichen Denkens. Auch wenn manche Quantenphysiker gegenwärtig behaupten, es würde in der Quantenwelt Dinge geben, die rein zufällig passieren, so darf man wohl annehmen, dass gerade im Hinblick darauf wie jung diese Disziplin und wie wenig erforscht sie wohl noch ist, auch hier einfach die zugrundeliegenden Ursachen sich noch unserem Blicke entziehen und erst von künftigen Generationen an Wissenschaftlern erkannt werden.

Im Buch der drei Eingeweihten wird die Illusion der Idee vom „Zufall" anhand eines schönen Beispiels erklärt:

„Das Wort Zufall ist abgeleitet von "fallen" (das Fallen der Würfel); dabei ist die Vorstellung maßgebend, dass das Fallen der Würfel (und viele andere Ereignisse) nur zufällige Ereignisse ohne irgendeine Ursache seien. Und in diesem Sinne wird der Ausdruck Zufall im Allgemeinen angewendet. Wenn man die Sache aber näher untersucht, wird man sehen, dass auch beim Fallen der Würfel durchaus kein Zufall im Spiel ist. Jedes Mal wenn ein Würfel fällt, und eine gewisse Punktzahl zeigt, gehorcht er einem Gesetz, das ebenso unfehlbar ist, wie das Gesetz, welches die Bewegung der Planeten um die Sonne beherrscht. Hinter dem Fallen des Würfels stehen Ursachen, oder Ketten von Ursachen, die weiter zurückgehen, als der Geist folgen kann. Die Lage des Würfels im Würfelbecher; die für den Wurf aufgewendete Menge von Muskelkraft; die Beschaffenheit des Tisches usw., all dies sind Ursachen, deren Wirkung man sehen kann. Aber hinter diesen ersichtlichen Ursachen stehen Ketten von unsichtbaren, vorhergehenden Ursachen, welche alle einen Einfluss haben auf die Punktzahl, die geworfen wurde.

Wenn ein Würfel sehr oft geworfen wird, wird man finden, dass die geworfenen Punkte fast gleich sind, d. h. es wird eine gleiche Anzahl von 1 Punkt, 2 Punkten usw. geworfen werden. Wirf eine Münze in die Luft und sie wird entweder mit der Vorder- oder mit der Rückseite wieder zu liegen kommen. Wirf die Münze aber genügend oft, dann wird die Vorderseite ungefähr gleich oft nach oben zu liegen kommen wie die Rückseite. Dies ist die Auswirkung des Gesetzes vom Durchschnitt. Aber sowohl der Durchschnitt als auch der einzelne Wurf folgen dem Gesetz von Ursache und Wirkung. Wenn wir imstande wären, alle vorübergehenden Ursachen zu untersuchen, würden wir klar sehen, dass es für den Würfel einfach unmöglich war, unter denselben Umständen und zur selben Zeit anders zu fallen, als er gefallen ist. Aus den gleichen gegebenen Ursachen werden die gleichen Resultate folgen. Bei jedem Ereignis gibt es eine Ursache und ein "Weil". Nichts geschieht je zufällig ohne Ursache oder vielmehr ohne eine Kette von Ursachen."

Das Gesetz der Kausalität, wie es auch bezeichnet wird, hat eine überragende Bedeutung, weil es uns erkennen lässt, dass alles, dem wir im Leben begegnen, die Wirkung einer vorangegangen Ursache ist. Wenn alles Sein, jede Erfahrung, jede Lebenssituation, ja selbst jeder Gedanke lediglich die Wirkung einer Ursache ist, die bereits davor stattgefunden hat, so heißt dies auch umgekehrt, dass wir künftige, erwünschte Wirkungen erzeugen können, indem wir jetzt bewusst Ursachen setzen, die die von uns gewünschten Wirkungen in Zukunft bringen. Durch dieses Gesetz werden wir somit wahrhaftig Schöpfer unserer eigenen Realität, erschaffen uns genau diejenigen Erfahrungen und Situationen, die wir uns im Leben erhoffen und sind keine Spielfiguren fremder Kräfte mehr.

Dieses Prinzip lässt uns auch - speziell im Zusammenhang mit dem Gesetz der Schwingung – begreifen, dass uns nichts zufällig geschehen kann. Kein Ereignis, kein Schicksalsschlag, nichts, das nicht in irgendeiner Weise von uns selbst ursächlich zu verantworten ist, kann uns treffen, nichts, das nicht die Folge einer Ursache ist, die wir zuvor selbst gesetzt haben. Sei es auch nur dadurch, dass wir unbewusst die Macht der Aktion, unsere

Schöpferkraft, verneint haben und uns damit selbst zu einem passiven Spielball der uns umgebenden Kräfte degradiert haben. Solange wir uns dieses Prinzips noch nicht bewusst sind, sind wir Spielball von Ursachen, die andere Menschen gesetzt haben. Weil dieses Prinzip uns die Macht zur Erschaffung der von uns gewünschten Realität in die Hand gibt, kann es uns damit auch jede Angst vor bösen Schicksalsschlägen nehmen.

Unser gesamtes Universum basiert darauf, dass immer ein Ereignis durch ein vorhergehendes verursacht ist und selbst wieder ein weiteres nach sich zieht, entsprechend den Gesetzmäßigkeiten. Jedes Ereignis ist also Wirkung eines vorausgegangenen und zugleich Ursache für ein nachfolgendes. So leben wir eingebettet in einem Meer von Ursache-Wirkung-Beziehungen. Dabei "erschafft" kein Ereignis sui generis ein anderes Ereignis, sondern ist lediglich ein Glied in der großen Kette von Ereignissen, die aus der schöpferischen Energie des Alls stammen. So besteht zwischen allen Ereignissen seit Menschengedenken und weit darüber hinaus, seit Entstehung des Universums ein lückenloser kausaler Zusammenhang. Alles steht in einer Ursache-Wirkung-Beziehung zueinander, an der wir aktiven Anteil haben und diesen bewusst nutzen oder unbewusst nur passive Spielfigur sein können. Wieder ist es unsere Entscheidung. Machtvoller Schöpfer oder armes „Opfer", ganz wie es uns beliebt.

Es ist wohl auch nicht zufällig, dass diese universellen Gesetze gerade in unserer Zeit, dem Übergang vom Fische- ins Wassermannzeitalter, öffentlich bekannt werden und damit eine größere Menschenmenge erreichen. Wo die Qualität des Fischezeitalters ja vor allem in Manipulation und Machtmissbrauch bestand und die Qualität des Wassermannzeitalters sich insbesondere durch das Ende dieser auszeichnet, dadurch, dass jeder Mensch zum Meister/zum Schöpfer werden kann. Wieder sehen wir, alles hat seine Ordnung wie es ist, alles geschieht zur rechten Zeit....

Wenn die Zeit für eine Veränderung gekommen ist, dann bekommen wir auch die notwendigen Mittel und das notwendige Wissen an die Hand, um diese Veränderung herbeiführen zu können. Jetzt liegt es somit an uns, diese auch anzunehmen und uns von einem fremdbestimmten Opferverhalten zu einem selbstbestimmten Kausalitätsdenken zu bewegen. Uns nicht mehr passiv in falsch verstandenem Gehorsam der Umgebung und den Wünschen anderer unterzuordnen, uns aber auch nicht von unseren eigenen inneren Stimmungen und Launen treiben zu lassen. Uns selbst von unseren frühkindlichen Prägungen, ja nicht einmal von unseren genetisch determinierten Anlagen in irgendeiner Weise beschränken zu lassen bzw. uns bequemerweise in unserem Versagen auf diesen auszureden.

Mit den hier vorgestellten Gesetzen werden uns die Spielregeln des Lebens enthüllt, die uns mit unserer höchsten Macht in Verbindung bringen können. Die uns Anleitung geben, unsere eigenen Stimmungen, Charaktere und Eigenschaften zu beherrschen. Nun liegt es an uns, diese auch zu gebrauchen. Oder wir entscheiden uns, uns weiter wie Spielfiguren am Brettspiel des Lebens von anderen, die diese Gesetze zu ihrem Vorteil nutzen, herumschieben zu lassen. Es liegt jetzt an uns in jedem Moment zu entscheiden: Wollen wir selbst Spieler im großen Schauspiel des Lebens sein, aktiv Ursachen setzen oder wollen wir weiter passiv Wirkungen erfahren? Wollen wir diesen neuen Weg der Eigenmächtigkeit, der Schöpferkraft beschreiten, so gilt es an vorderster Stelle unseren Geist zu klären, all unsere vorgefassten althergebrachten Meinungen und Überzeugungen über Bord zu werfen und mit Unterscheidungskraft, scharfem Verstand und wachem Bewusstsein die neue Qualität des Menschseins entschlossen zu verwirklichen.

Auch wenn im Rahmen dieses Buches auf das Thema des "Freien Willens" bzw. der "Vorherbestimmung" nicht näher eingegangen wird, so soll an dieser Stelle doch so viel gesagt sein, dass, je bewusster wir bereits sind, desto vollkommener wir auch von unserem freien Willen Gebrauch machen können. Je unbewusster wir dagegen sind, je stärker wir uns noch im materiellen, dualen Bewusstsein befinden, desto geringer wird unsere Möglichkeit zur Nutzung unseres freien Willens ausfallen. Oder wie es die alten Schriftstellen ausdrücken: "Je weiter die Schöpfung vom Mittelpunkt entfernt ist, desto mehr ist sie gebunden; je mehr sie sich dem Mittelpunkt nähert, desto freier ist sie."

Mit der Erkenntnis des Ursache-Wirkungs-Prinzips dürfen wir uns auch von der obsolet gewordenen Idee der „Schuld" verabschieden. Denn wie sich aus diesem Gesetz folgern lässt, gibt es Schuld schlichtweg nicht. Sie ist wiederum lediglich eine Erfindung des menschlichen Verstandes. Wenn alles auf Ursache und Wirkung beruht, wo hat dann noch die Idee von Schuld Platz? Es gibt eine Ursache und eine daraus resultierende Wirkung, aber es gibt keine Schuld. Auch wenn wir diese Vorstellung zwischenzeitlich lieb gewonnen haben, denn jemandem Vorwürfe zu machen oder äußeren Umständen die Schuld für das eigene Versagen zuzuschieben hat nicht selten mit Bequemlichkeit und dem Abgeben von Eigenverantwortung zu tun. Das Resultat, welches wir in solchen Momenten und Situationen nicht annehmen wollen, weil es ja viel bequemer ist, jemand anderem Vorwürfe zu machen, haben wir selbst in unser Leben gezogen. Wenn wir ehrlich mit uns selbst sind und unsere Handlungen in der Vergangenheit klar und schonungslos betrachten, werden wir die von uns selbst gesetzten Ursachen erkennen.

Es wäre aber nun unvernünftig darauf mit Selbstvorwürfen zu reagieren. Wir haben so gehandelt, weil wir es nicht besser wussten/konnten und wir werden aus den Erfahrungen lernen, uns weiter entwickeln und künftig heilvoller für uns und unsere Umgebung agieren. Grundvoraussetzung für ein liebevolles und achtsames Begegnen unseren Mitmenschen gegenüber ist, dass wir uns selbst verzeihen können, uns auf allen Ebenen so annehmen wie wir sind und unserem physischen und geistigen Sosein mit

Würde begegnen; uns selbst - im Sinne unseres Höheren Selbstes/unserer Essenz – lieben lernen.

Das Gesetz von Ursache und Wirkung ist auch Grundlage für das allen großen spirituellen Traditionen zugrunde liegende Karma-Prinzip. Dem Gesetz des Karma zufolge (siehe dazu auch Kapitel 3) wiederholen sich Muster und Abläufe oft über mehrere Leben hindurch, solange bis wir die dahinter liegenden Lernerfahrungen gemacht und die lebenseinschränkenden Programmierungen in unserem Bewusstsein gelöst haben. Doch geht es auch hier nicht darum Schuld zu suchen, die es ja in Wahrheit ohnehin nicht gibt, vielmehr geht es darum, sich von allen Denkstrukturen und Verhaltensmustern zu lösen, die uns nicht dienlich sind. Im Unterschied zu unseren Vorfahren verfügen wir heute über das dazu notwendige Wissen, welches uns die Mittel zur eigenen Transformation zur Verfügung stellt. Es gibt also keine Ausrede mehr, unser Leben nicht selbst in die Hand zu nehmen. Werden wir wieder zu bewussten, eigenverantwortlichen Beobachtern und Mitgestaltern unseres Daseins! Sehen wir der Tatsache in die Augen, dass wir die Wirkungen, die wir heute ernten, gestern (möglicherweise auch in einem vorangegangenen Leben) selbst verursacht haben!

Der springende Punkt, der unser Karma bestimmt, ist das absichtslose Handeln, denn die Absicht, die hinter unseren Handlung und Entscheidungen steht, bestimmt die daraus folgende Wirkung und nicht die Handlung an sich. Durch absichtsloses Handeln können wir aus dem Rad des Karma aussteigen. Selbst „gute" Absichten ziehen Karma nach sich, denn selbst meine noch so gut gemeinten Empfehlungen und Handlungen beruhen auf meiner eingeschränkten individuellen Sichtweise und können für den anderen möglicherweise gar nicht so gut sein. Was für den Einen gut und richtig ist, kann für einen Anderen völlig unpassend sein. Das sehen wir z.B. häufig an den gut gemeinten Ratschlägen und Erziehungsmaßnahmen von Eltern ihren Kindern gegenüber. Ich will, ich meine, ich möchte Dir ja nur...., all das kommt noch von unserem Ego-Bewusstsein. Dahinter liegt zumeist eine alte Programmierung, basierend auf Kontrollzwang, Mangelbewusstsein oder einer sonstigen Angst.

Ein so begründetes Handeln wird uns nicht mehr lange glücklich machen und uns auf Dauer keinen Frieden schenken. Jede Absicht verbirgt eine dahinterliegende Erwartung. Diese Erwartung löst einen Stress aus und kostet uns Kraft und wichtige Lebensenergie. Es ist zwar ein langer Weg wirklich absichtslos zu handeln, völlig ohne Erwartungen, einfach wertfrei zu sein, doch es lohnt sich ihn zu beschreiten. Er kann uns auf eine völlig neue, ungewohnte Weise innerlich frei und entspannt werden lassen.

Die Absicht ist das Ergebnis unseres Willens. Lasse ich meine Handlungen statt von meinem Ego-Willen von meinem göttlichen Willen bestimmen, so ist der entscheidende Faktor die Ganzheit. Dabei lasse ich eine Idee oder einen Zustand, den ich herbeisehne, los und vertraue, dass das für mich Richtige geschehen wird, verbinde also keine Erwartung an einen bestimmten Ausgang der Handlung mehr. Dies impliziert auch, dass ich keine Enttäuschungen aufgrund von sich nicht erfüllenden Erwartungen mehr erleben werde.

Der tiefe, wirkliche Herzenswunsch ohne fixe Erwartungshaltung kann bestehen bleiben, der kleine Ego-Wunsch muss sterben. Ansonsten werden wir nicht frei werden. Ich tue was zu tun ist, nach bestem Wissen und Gewissen und dann lasse ich los. Ich gebe weiterhin immer mein Bestes, nur ohne Erwartung. Sobald etwas mit Druck und Zwang verbunden ist, bin ich nicht mehr im absichtslosen Handeln und befinde mich wieder im karmischen Rad. Vertraue ich, wird mir zum absolut richtigen Zeitpunkt das Richtige widerfahren. Ein neues Lebensgefühl kann sich auf diese Art breit machen, eine noch nie geahnte Zuversicht, Leichtigkeit, Freiheit und Freude. Eine Lebendigkeit, die in unserem ängstlichen kleinen Ego-Bewusstsein nirgendwo ihren Platz hätte. Das nötige Wissen dazu geben uns die Geistigen

Gesetze an die Hand, es liegt jetzt nur mehr an uns, von ihnen auch Gebrauch zu machen.

7. Gesetz der Geschlechtlichkeit

"Geschlecht ist in allem; alles hat sein männliches und sein weibliches Prinzip; Geschlecht manifestiert sich auf allen Plänen."
Das Kybalion

Das Prinzip der Geschlechtlichkeit besagt, dass sich in allem Geschlecht manifestiert, dass das männliche und das weibliche Prinzip auf allen Ebenen aktiv sind, dass es Grundlage allen Seins bildet. Wobei das Wort „Geschlecht" hier in seiner allgemeinen Bedeutung verwendet wird und nicht als der Ausdruck von Sexualität, welche sich ja lediglich auf die physischen Unterschiede zwischen männlichen und weiblichen Lebewesen bezieht.

Die Aufgabe des männlichen Prinzips, welches in der Yogaliteratur auch als das Bewusstseins-Prinzip beschrieben wird, scheint darin zu liegen, durch einen bewussten Akt ein gewisses Quantum an Energie auf das weibliche Prinzip zu richten und so den Schöpfungsvorgang in Gang zu setzen. Das weibliche Prinzip, im Yoga „Shakti", das Prinzip der Energie/Kraft genannt, ist dasjenige, welches das aktive schöpferische Werk vollbringt. So brauchen und bedingen beide einander, wie es im Symbol des Yin und Yang wunderschön veranschaulicht wird. Keines ist ohne Beistand des anderen Prinzips fähig Neues zu erschaffen. Selbst wenn beide Prinzipien in einem Organismus vereinigt sind, so ist doch das zugrunde liegende Gesetz immer am Walten.

Noch ist die Wissenschaft nicht so weit fortgeschritten, dieses Prinzip auf allen Ebenen des Seins anzuerkennen. Doch gibt es Hinweise darauf, dass in der Kristallbildung etwas zu finden ist, das mit dem hermetischen Gesetz der Geschlechtlichkeit übereinstimmt. Auch im Bereich von Energie, Kraft und

Elektrizität können wir an der Quelle ihrer Manifestation einen klaren Beweis für das Vorhandensein des Geschlechts und seiner Aktivitäten erblicken. Die drei Eingeweihten gehen in der wissenschaftlichen Beweisbarkeit dieses Prinzips sogar noch einen Schritt weiter, wenn sie meinen:

„Die letzten wissenschaftlichen Lehren gehen dahin, dass die schöpferischen Elektronen weiblich sind (die Wissenschaft sagt, sie seien "aus negativer Elektrizität zusammengesetzt", wir sagen, sie seien "aus weiblicher Energie zusammengesetzt"). Ein weibliches Elektron wird von einem männlichen Elektron abgesondert oder vielmehr verlässt dieses und beginnt eine neue Laufbahn. Es sucht aktiv eine Vereinigung mit einem männlichen Elektron, es wird dazu von dem natürlichen Impuls, neue Formen von Materie oder Energie zu schaffen, getrieben. (...) Dieses Loslösen und Vereinigen bildet die Grundlage für den größeren Teil der Aktivitäten der chemischen Welt. Wenn sich das weibliche Elektron mit einem männlichen Elektron vereinigt, hat ein gewisser Prozess begonnen. Das weibliche Teilchen schwingt unter dem Einfluss der männlichen Energie sehr rasch und kreist um das männliche Teilchen. Das Ergebnis ist die Geburt eines neuen Atoms.

Dieses neue Atom ist tatsächlich aus der Vereinigung des männlichen und des weiblichen Elektrons zusammengesetzt. Wenn aber die Vereinigung vollzogen ist, ist das Atom ein Ding für sich, mit gewissen Eigenschaften; aber die Eigenschaft der freien Elektrizität manifestiert es nicht länger mehr. Der Prozess der Loslösung oder Trennung der weiblichen Elektrone wird "Ionisation" genannt. Diese Elektronen sind die tätigsten Arbeiter in der Natur. Aus ihren Vereinigungen oder Kombinationen hervorgehend, manifestieren sich die verschiedenen Phänomene von Licht, Wärme, Elektrizität, Magnetismus, Anziehung, Abstoßung, chemische Affinität und deren Gegenteil und ähnliche Phänomene. Und all dies geht aus der Wirksamkeit des Prinzips vom Geschlecht hervor. (...)

Geistiges Geschlecht

Im geistigen Bereich entspricht dem männlichen Prinzip das Objektive, Aktive, Bewusste, Gebende, Positive, Warme, Ausdehnende, Schnelle, Trockene, Helle, etc. Dem weiblichen Prinzip wiederum entspricht das Subjektive, Passive, Unterbewusste, Negative, Kalte, Zusammenziehende, Langsame, Feuchte, Dunkle.

Wenn wir unseren Blick nach Innen auf unsere Selbstwahrnehmung richten, können wir das Vorhandensein des Prinzips des (geistigen) Geschlechts wahrnehmen. Das Erste, was uns dabei begegnet, ist die Wahrnehmung von "Ich bin". Bei weiterer Untersuchung stellen wir fest, dass wir dieses „Ich bin" in zwei Anteile - in ein "Ich" und ein "Mich" – unterscheiden können. Das "Mich", das wir fatalerweise meist für das "Ich" halten, besteht aus unseren Gefühlen, Zuneigungen und Abneigungen, Gewohnheiten, Charaktermerkmalen, usw., welche alle zusammen unsere gewohnte Persönlichkeit ausmachen. Wir wissen, dass sich diese Gemütsbewegungen und Gefühle ändern, dem Prinzip des Rhythmus und der Polarität unterworfen sind. Dies ist der Anteil in uns mit dem wir uns in unserem gewöhnlichen Ego-Bewusstsein identifizieren und meinen, dies wäre unser wahres Wesen, mit allen schon besprochenen unheilvollen Konsequenzen.

Durch beharrliche und gründliche Selbstbeobachtung kann es uns jedoch gelingen, uns zu einem höheren Bewusstsein aufzuschwingen und unsere Identifikation mit unserem „Mich"/unserem Ego zu lösen. Wenn wir unseren Blick noch weiter nach Innen richten erkennen wir, dass diese innere Dimension nicht unser wahres Wesen, unsere Essenz sein kann, weil wir sie nach Bedarf verändern können. Es muss daher eine Instanz in uns geben, die diese Veränderung hervorrufen kann. Diese Dimension können wir dann als unser wahres „Ich", als unseren Wesenskern enthüllen, die Instanz in uns von der aus wir unsere Gedanken, unsere Gefühle, ja selbst unser Bewusstsein verändern können, die dabei selbst aber unverändert bleibt. Diese beiden Ebenen in uns verwirklichen das hermetische Prinzip der Geschlechtlichkeit.

Das "Mich" mit dem Potential, Nachkommen in Form von Gedanken, Ideen, Gefühlen und anderen mentalen Zuständen zu erschaffen kann dabei als das weibliche Prinzip, als Shakti, betrachtet werden, das vom männlichen Prinzip, vom „Ich" (seinem eigenen oder dem „Ich" eines anderen) einen bewussten Impuls in Form von Energie erhalten muss, um seine geistigen Schöpfungen hervorbringen zu können. Dieser Vorgang ist die Grundlage aller kreativen Schöpferkraft. Das „Ich" stellt dabei die Ebene des Bewusstseins dar, welche fähig ist zu wollen, dass das "Mich" nach gewissen schöpferischen Richtlinien wirkt und welche den mentalen Schöpfungsprozess als Zeuge quasi von Aussen beobachten kann. Es verkörpert den Aspekt des "Seins" im Gegensatz zum "Mich", welches den Aspekt des "Werdens" darstellt.

Über die Anwendung des Prinzips des mentalen Geschlechts im täglichen Leben schreiben die drei Eingeweihten:

„Die starken Männer und Frauen der Welt manifestieren unabänderlich das männliche Prinzip des Willens, und ihre Stärke hängt wesentlich von dieser Tatsache ab. Statt nach den Eindrücken zu leben, die andere auf ihren Geist machen, beherrschen sie ihren eigenen Geist durch ihren Willen, erlangen so die erwünschte Art mentaler Bilder und beherrschen überdies noch den Geist anderer. Seht auf die starken Menschen, wie sie ihre Gedankensaat in den Geist der Massen säen und dadurch die Massen zwingen, nach dem Wunsch und Willen der Starken zu denken. Aus diesem Grund sind die Volksmassen so Schafherden ähnliche Geschöpfe, die niemals eine originale Idee haben, die niemals ihre eigene Macht mentaler Aktivität gebrauchen."

Die Manifestation des mentalen Geschlechts kann man überall im täglichen Leben bemerken. Magnetische Personen sind solche, welche ihr männliches Prinzip dazu anwenden können, ihre Ideen anderen Personen einzuprägen. Der Schauspieler, der die Zuschauer zu Tränen rührt, wendet dieses Prinzip an. Und so ist es auch mit dem erfolgreichen Redner, Staatsmann, Prediger, Schriftsteller und mit anderen Menschen, die öffentliche Aufmerksamkeit erregen. Der eigentümliche Einfluss, den manche Menschen auf andere ausüben, kommt von der Manifestation des mentalen Geschlechts nach den oben erwähnten Schwingungslinien. In diesem Prinzip liegt das Geheimnis des persönlichen Magnetismus, persönlichen Einflusses und Zaubers usw., ebenso wie auch der Phänomene, die man allgemein mit dem Namen Hypnose bezeichnet.

Weg des Herzens

Einleitung

Die im vorangegangenen Kapitel beschriebenen sieben Geistigen Gesetze bilden den bis heute öffentlich bekannten Teil des Kybalions, dem Herzstück der Smaragdtafeln aus der hermetischen Philosophie. Wie schon erwähnt wurde dieses Wissen in der Vergangenheit streng geheim gehalten und nur an Eingeweihte in mündlicher Tradition von Meister zu Schüler weitergegeben. Im Jahre 1908 erschien die erste öffentliche Schrift über das Kybalion von den Drei Eingeweihten, welche selbst zu dieser Zeit ihre wahre Identität aus denselben Gründen, denen auch die Geheimhaltung entsprang, noch nicht preisgaben. In diesem Buch beschrieben sie die sieben Geistigen Gesetze, denen alle Phänomene des Lebens unterliegen. Diese sieben Gesetze bilden auch die Grundlage für alle großen Religionen und spirituellen Traditionen unserer Welt.

Nichts findet sich in irgendeiner der Weltreligionen, was nicht in diesen wenigen Gesetzmäßigkeiten zu finden ist – freilich nur um vieles ausgeschmückter, mit zahlreichen Metaphern, Bildern und Geschichten versehen, um es den Menschen der damaligen Zeit besser verständlich zu machen und ihnen vor allem auch Anleitung für die Umsetzung im Alltag zu geben. Vieles wurde dabei leider auch verwischt, insbesondere sobald Religionen institutionalisiert wurden und zu Machtinstrumenten einer Elite verkamen. So ist es nun ein großes Geschenk an die Menschheit, dass uns dieses ursprüngliche Wissen in seiner reinen unverfälschten Natur zur Verfügung steht, welches als gemeinsame Quelle aller Religionen diese auch vereint und damit jeden Zwist und jede Uneinigkeit zwischen den Religionen auflöst, weil wir klar erkennen können, dass sie alle im Grunde dieselben Weisheiten verkünden, aus derselben Quelle schöpfen.

Als mir dieses Wissen begegnete war für mich klar, dass es sich dabei um den sogenannten „Stein der Weisen" handelte, um das fehlende Glied, welches nicht nur die Religionen untereinander, sondern auch die beiden großen Wege der Erkenntnissuche – die Wissenschaft und die Spiritualität - versöhnt. Ich studierte die Prinzipien eingehend und begann weiter zu forschen, bis mir klar wurde, dass es außer diesen sieben noch zwei weitere Gesetze gibt, die aber erst enthüllt werden sollten, wenn die Zeit dazu gekommen sei, wenn die Menschheit über die entsprechende geistige Reife verfügt, um sie auch verstehen zu können. Diese Zeit ist nun da, am Anbruch des Wassermannzeitalters soll allen Menschen das gesamte „esoterische" - also geheime - Wissen dieser Welt offenbart werden, sodaß jeder der es will, den Weg der Erleuchtung, den Weg der Meisterschaft aus eigener Kraft gehen kann, ohne auf Gurus, spirituelle Meister oder sonstige Vermittler zwischen „Gott" und Menschen angewiesen zu sein.

Diese beiden Gesetze können zwar bei genauem Studium der hermetischen Schriften gewissermaßen geschlossen werden bzw. finden auch da und dort in einem anderen Kontext Erwähnung, sind aber bewusst noch nicht an prominenter Stelle unter den grundlegenden Prinzipien, welche das Universum aufbauen, genannt worden. Diese Aufgabe obliegt nun dem vorliegenden Buch und ich möchte, so gut ich es kann, ihr gerecht werden.

Zusätzlich zu den beiden bis dato noch fehlenden Prinzipien - dem 8. und 9. Gesetz - werde ich eine kleine Änderung in der Reihenfolge der Gesetze vornehmen, die meiner Meinung nach bei ihrer Erstaufzeichnung im Jahre 1908 bewusst vertauscht wurde, um eben noch einen gewissen Grad an Verschleierung der Wahrheit zu ermöglichen. Durch die Umreihung und das Anfügen des 8. und 9. Gesetzes erkennen wir plötzlich, dass sich aus den schliesslich Neun Geistigen Gesetzen eine wunderschöne Beschreibung eines gesamten Schöpfungszyklus ergibt. Eine

Darstellung des Weges vom rein Geistigen/von „Gott" in die Materie („Fleischwerdung"/Inkarnation) und wieder zurück zu Gott, zurück in die Einheit/den Ursprung des Seins.

Nun wird auch klar, warum diese beiden Gesetze sowie die richtige Reihenfolge erst jetzt öffentlich bekannt werden sollen. Weil jetzt die Zeit angebrochen ist, in der es allen Menschen und nicht nur einigen auserwählten Eingeweihten, Yogis, Mönchen oder anderen spirituellen Meistern möglich sein soll, den Weg der Erleuchtung/des Erwachens, den Weg zurück zu Gott zu gehen.

Der Schlussstein der Pyramide

Der verloren gegangene Schlussstein der Pyramide ist ein Schlüssel zu dem verborgenen Wissen, welches der geheimnisvolle Erbauer der Pyramide in diesem verhüllt haben soll, um es vor der bevorstehenden Sintflut zu schützen, sodaß es der Menschheit für immer erhalten bliebe und zu gegebener Zeit wieder zum Vorschein käme..

„Dem Bericht des arabischen Historikers al-Makrizi (1364 - 1442 n.u.Z.) folgend, hat ein ägyptischer König namens Saurîd 300 Jahre vor der (biblischen) Sintflut mit dem Bau der Pyramiden von Giseh begonnen, um das gesamte Menschheitswissen der damaligen Zeit zu sichern und über die Katastrophe hinwegzuretten. Auf der Spitze der Großen Pyramide (Cheops) - auf dem Schlussstein - sei eine Schrift angebracht gewesen, die erkennen liess, wer der Erbauer ist, wann sie erbaut wurde und dass sie in sechs Jahren vollendet gewesen sei. Der Hinweis auf König Saurîd ist hier von großem Interesse, denn dieser soll laut dem 33. Kapitel des Hitat, identisch sein mit dem hebräischen Henoch, dem griechischen Hermes Trismegistos, eben dem ägyptischen König Saurîd. Das Hitat ist das Geschichtswerk von al-Makrizi."

Aus „Der Orden des Propheten Henoch"

Der Schlussstein der Pyramide versinnbildlicht somit das fehlende Glied, die beiden fehlenden Gesetze, die gemeinsam mit den sieben bekannten Gesetzen das Wissen über den vollständigen Schöpfungszyklus offenbaren.

8. Gesetz der Neutralisation

„Die Verbindung der beiden polaren Gegensätze im Nullpunkt führt zur Überwindung der Getrenntheit und bereitet den Weg zurück in die Einheit."
Weg des Herzens

Durch die Überwindung der Dualität löse ich mein Karma, das ewige Spiel der Polaritäten. Dazu ist es notwendig, dass ich nicht mehr in gut und böse unterscheide, nicht mehr bewerte und mich selbst erkenne. Mit all meinen Licht- und Schattenseiten. Die Erlösung des eigenen Schattens erfolgt durch Anerkennen der eigenen „Täterschaft". So gelange ich vom Opfertum in die göttliche Schöpferkraft. Durch Neutralisation ist es möglich die engen Grenzen des Ego-Bewusstseins zu überwinden und die Verschmelzung mit dem Höheren Selbst in der Materie zu erreichen. Dies ist Voraussetzung, um zum höchsten Gesetz zu gelangen.

Mit dem siebenten Gesetz, dem Prinzip der Geschlechtlichkeit, begann der Prozess der Wiedervereinigung von Shakti mit Shiva, um es mit der Metapher aus der Yoga-Philosophie zu beschreiben. Die Trennung, welche im zweiten Gesetz - dem Prinzip der Entsprechung - ihren Ausgang genommen hat (dazu Näheres am Ende des VI. Kapitels bei der Beschreibung des Weg des Herzens), wird nun wieder aufgehoben, der Kreislauf beginnt sich wieder zu schließen. Wir beginnen uns aus der Materie zu lösen, indem wir die Polarität, welche die Materie kennzeichnet, überwinden.

Das begründende Merkmal der Materie, welches im vorangegangenen Kapitel unter den entsprechenden Gesetzmässigkeiten ausführlich diskutiert wurde, ist der polare Gegensatz von plus und minus, von männlichem und weiblichen Pol. Ohne die Polarität wäre keine Materie, hierzu zählen im hermetischen Sinne nicht nur feste Materie, sondern auch Gedanken, Gefühle und alle unsichtbaren Formen von physikalischer Kraft, Energie, Magnetismus, möglich.

Wollen wir nun unseren Weg aus der Polarität hinaus, zurück in die (göttliche) Einheit finden, so gilt es logischerweise die Polarität zu überwinden. Wie können wir dies aber nun praktisch bewerkstelligen? Den Ausgangspunkt dazu habe ich bereits verraten, er liegt im „geschlechtlichen" Akt der Vereinigung von männlichem und weiblichen Pol, wobei darauf hingewiesen sei, dass hierbei das Wort „geschlechtlich" wieder in seiner allgemeinen Bedeutung zu verstehen ist und der sexuelle Akt der Vereinigung eines männlichen mit einem weiblichen Körper nur eine Spezialform des viel weiter gefassten Prinzips darstellt.

An dieser Stelle verstehen wir auch mit einem Mal, warum der Schöpfungsprozess ein kreativer ist, warum er damit auch eine Richtung hat und warum sich das Weltall immer weiter ausdehnt. Genau an dem Punkt, an dem wir wieder unseren Rückweg in den göttlichen Schoss bahnen, passiert die Neuschöpfung, wird „Leben" geschaffen. Somit erweitert sich der sogenannte Kreislauf der Schöpfung zu einer Spirale der Schöpfung, denn der nächste Zyklus beginnt nicht mehr am gleichen Ausgangspunkt, sondern eine Stufe höher. Eine Stufe höher deshalb, weil die Neuschöpfung, das aus der Vereinigung Hervorgehende, das Neugeborene, die Erfahrung des vorangegangenen Schöpfungszyklus in sich trägt und als Ausgangspunkt für seinen eigenen Schöpfungszyklus mitnimmt.

Dies erklärt auch die Richtung der Evolution, dem ewigen Voranschreiten und Höherentwickeln der Schöpfung. Denn sie ist in Wahrheit eine Spirale und nicht ein Kreis, das Bild des Kreises ergibt sich nur, wenn man von oben auf die Spirale blickt und den immer wiederkehrenden Kreislauf von Geburt, Wachstum, Vergehen, Sterben und Neugeburt beobachtet. Verändern wir jedoch unsere Perspektive bzw. geometrische Darstellung im dreidimensionalen Raum, so erkennen wir die Form der Spirale, welche ein uraltes heiliges Symbol aller Kulturen ist – ein Symbol für die Schöpfung.

Wagen wir nun vom Prinzip der Geschlechtlichkeit den nächsten Schritt von der Polarität, der Zweiheit, zurück in die Einheit, transzendieren wir das Konzept vom männlichen und weiblichen Pol, so müssen wir einen Ausgleich erschaffen, die Mitte zwischen beiden Polen finden. Denn solange wir uns mehr in Richtung des männlichen oder des weiblichen Pols befinden, halten wir die Energie aufrecht und es kann keine Neutralisation stattfinden.

Den gleichen Prozess finden wir in der Chemie vor. Wollen wir aus einer Säure eine neutrale Substanz herstellen, dann müssen wir genau soviel an Lauge hinzufügen, dass ein stöchiometrisch exakter Ausgleich stattfindet. Erst wenn wir genau die Mitte zwischen plus und minus gefunden haben, kann die Bewegung, welche weiteres kennzeichnendes Merkmal der Materie ist und sich insbesondere aus dem Gesetz des Rhythmus ergibt, nicht zum Stillstand kommen und damit keine Ruhe eintreten, welche aber Grundvoraussetzung für unser Unterfangen, die Rückkehr in die Einheit ist. Denn definierendes Charakteristikum von Einheit ist die Ruhe, vollkommener Stillstand, da keine Bewegung mehr stattfinden kann, weil es keine zwei Pole mehr gibt, zwischen denen sich eine Bewegung einstellen könnte.

Als Versinnbildlichung für das Gesetz der Geschlechtlichkeit können wir uns das Symbol des TAO vorstellen, in dem die geschwungene Linie für die Bewegung steht. Die Polarität ist noch vorhanden, ist aber in der bildlich dargestellten

Vereinigung - der Kern des jeweils anderen Pols ist im eigenen zugegen - schon am Transzendieren. Im Rahmen des Prinzips der Neutralisation können wir daran angelehnt das Symbol von zwei Kreishälften vorstellen. Es findet keine Bewegung mehr statt, wir haben uns im Mittelpunkt zentriert, die beiden polaren Gegensätze haben sich schon angeglichen – es gibt keine (farbliche) Unterscheidung mehr – doch sie sind noch als die zwei Hälften eines Ganzen unterscheidbar.

Das Prinzip der Neutralisation wurde selbstverständlich von den hermetischen Meistern schon vor langer Zeit entdeckt, war aber – zumindest soweit die schriftlich niedergelegten Zeugnisse vermuten lassen - noch nicht als eigenständiges Gesetz und vor allem nicht als eines, welches den Weg zurück in die Einheit ermöglicht, beschrieben worden. Im Rahmen des Kybalion findet es seine Erwähnung lediglich als eine Möglichkeit, das Gesetz des Rhythmus in seiner Wirkung zu neutralisieren und damit dem Pendelschwung auf die „negative" Seite zu entgehen, dies zeigt die folgende Textstelle aus dem Buch der Drei Eingeweihten:

„(...) obwohl das Prinzip vom Rhythmus unveränderlich und in mentalen Phänomenen immer evident ist, gibt es doch zwei Pläne seiner Manifestationen, soweit es mentale Phänomene betrifft. Sie (die hermetischen Meister, Anm. d. Autors) *entdeckten, dass es zwei Hauptpläne des Bewusstseins gibt, den niederen und den höheren. Das Verständnis dieser Tatsache befähigte sie, sich zum höheren Plan zu erheben und so dem Schwung des rhythmischen Pendels zu entgehen, welcher sich auf dem niederen Plan manifestierte. In anderen Worten, der Pendelschwung fand auf dem unbewussten Plan statt, und das Bewusstsein wurde nicht berührt. Dies nennen die Hermetiker das Gesetz der Neutralisation.*

Seine Wirksamkeit besteht darin, dass sich das Ego über die Schwingungen des unbewussten Planes mentaler Aktivität erhebt, sodaß sich der negative Schwung des Pendels nicht im Bewusstsein manifestiert und so die Hermetiker nicht davon berührt werden. Es ist dies ein Vorgang, ähnlich dem, wenn man sich über ein Ding erhebt und es unter sich vorübergehen lässt. Die hermetischen Meister oder fortgeschrittene Schüler polarisieren sich auf den gewünschten Pol, und durch einen Vorgang, ähnlich einer "Verweigerung" an dem Rückschwung teilzunehmen, oder, wenn es euch so lieber ist, einer "Verneinung" seines Einflusses auf sie selbst, stehen sie fest auf ihrer polarisierten Position und lassen das Pendel auf dem unbewussten Plan zurückschwingen.

Alle Individuen, die einen gewissen Grad von Selbstbeherrschung erlangt haben, tun dies mehr oder weniger unwissentlich; wenn sie ihren Stimmungen und negativen mentalen Zuständen nicht gestatten, sie zu beeinflussen, so wenden sie das Gesetz der Neutralisation an. Der Meister jedoch erreicht in dieser Kunst einen viel höheren Grad der Vollkommenheit. Mit Hilfe seines Willens erlangt er einen Grad von Gleichgewicht und mentaler Festigkeit, der denen, die sich gestatten, von dem mentalen Pendel der Stimmungen und Gefühle vor- und zurückgeschwungen zu werden, fast unmöglich und unglaublich erscheint."

Das Bild des Pendels zeigt uns auch einen Weg, wie wir den Zustand des neutralen Geistes erschaffen können, wie wir also die natürliche rhythmische Pendelschwingung der polaren materiellen Ebene, welche uns zum anderen (unerwünschten) Pol tragen wollte, auszugleichen vermögen. Dazu können wir praktisch zwei Möglichkeiten definieren:

Wir fixieren uns geistig, wie die Hermetiker es beschreiben, auf der Seite des gewünschten Pols und lassen das Pendel ohne uns auf die anderen Seite schwingen, verneinen aber die Auswirkung des Einflusses des unerwünschten Pols auf unsere Stimmung. Der Pendelschwung wird in diesem Stadium der Anwendung der Neutralisation noch nicht aufgehoben, er findet also gemäß dem Gesetz des Rhythmus noch statt, wir entgehen durch diese Haltung der geistigen Neutralisierung lediglich den „negativen" Konsequenzen auf unsere Befindlichkeit.

Ich möchte noch eine zweite Möglichkeit der Nutzung des Gesetzes der Neutralisation vorschlagen, welche uns in weiterer Folge auch die Chance des Ausstiegs aus der Polarität bietet. Und zwar setzen wir uns nun nicht, wie es die alten Hermetiker taten, unten am Pendel fest, wo es noch von einem Pol zum anderen schwingt, sondern wir klettern nun geistig entlang des Seils nach oben bis ganz zum oberen Ende, wo das Pendelseil seinen Ursprung hat. An diesem Punkt findet keine Bewegung mehr statt. Wir haben uns damit aus der Ebene der Polarität hinaus bewegt, haben diese transzendiert. Es gibt an unserer jetzigen Position keine Unterscheidung in männlich und weiblich, in plus und minus mehr. Es herrscht völliger Stillstand, der Zustand den die alten Yogis als das Ziel des Yoga definierten:

„Yogas-chitta-vrtti-nirodhah."
„Yoga ist das Zur-Ruhe-Kommen der gedanklichen Regungen."
PYS 1,2

Dieser Leitfaden, diese Sutra wie es im Yoga genannt wird, ist der zweite Leitgedanke in einem der berühmtesten Werke der Yogaphilosophie, den Yoga Sutren von Patanjali. „Yoga" wird hier als jener Zustand definiert, der sich aus dem vollständigen Auflösen (nirodha) aller Bewegungen („vrtti" heißt übersetzt Bewegung, Unruhe) im Geist (chitta) ergibt. Unsere geistigen Bewegungen, das sind Gedanken, Bewertungen, Erinnerungen, Wünsche, Ängste, etc. bilden eine Art Schleier (Maya), der uns davon abhält, unser wahres Wesen zu erkennen. Sobald wir in den Zustand der vollkommenen inneren Ruhe, welche sich gemäß der vorgestellten Gesetzmäßigkeiten auch im Außen als solche manifestieren muss (Entsprechung „Wie oben so unten. Wie innen so außen.") eingetreten sind, ruhen wir, wie Patanjali in seiner nächsten Sutra schreibt, in unserem wahren Wesen:

„Tada Drastuh Svarupe Vasthanam."
„Dann ruht der Wahrnehmende in seinem wahren Wesen".
PYS 1,3

Weiter erklärt Patanjali:

"Ansonsten identifiziert er sich mit seinen Gedanken."
PYS 1,4

Ansonsten identifizieren wir uns also mit unserem Ego-Bewusstsein und befinden uns bedingt durch die geistige Aktivität/Bewegung in der Polarität. Wir erkennen somit, dass der Weg heraus aus der Polarität und zurück in unsere ursprüngliche (göttliche) Einheit über den Geist, über unsere Gedanken führt. Je weiter wir mit unserer Stimmung in die Mitte, den Punkt der Neutralität kommen, dem Leben gegenüber einen unvoreingenommenen, (vor)urteilslosen Standpunkt einnehmen, desto ausgeglichener, gelassener und authentischer sind wir. Das Pendel schlägt immer weniger aus, das emotionale Auf und Ab unserer Gefühle erreicht nicht mehr das gewohnte Ausmaß. Wir haben wie immer die Wahl: Wollen wir uns unten am Pendel festsetzen, das volle Ausmaß an Stimmungen auskosten - von himmelhochjauchzend bis zu Tode betrübt - oder wollen wir eine stabile neutrale Ausgeglichenheit mit einer gleichmäßigen Stimmung, einer Konstanz der Emotionen erlangen? Je nachdem was wir wünschen, was wir für uns als passend betrachten, können wir uns vollkommen mit dem polaren Bewusstsein identifizieren oder uns immer weiter in Richtung Neutralität bewegen.

Wollen wir jedoch den Weg des Erwachens/der Erleuchtung beschreiten, dann führt uns dieser Weg über die Erreichung des neutralen Geistes. Denn dieser Zustand ermöglicht es uns, das Bewusstsein der göttlichen Einheit (wieder) zu erlangen. Selbst wenn es nicht gleich unser erklärtes Ziel ist, in diesem Leben den hohen Gipfel der Erleuchtung bezwingen zu wollen, so kann uns die Möglichkeit, einen neutralen oder immer neutraleren Geisteszustand zu erreichen, doch einen Weg heraus aus dem unweigerlich mit Leiden verbundenen polaren (Ego)-Bewusstsein weisen.

Das Bild vom Pendel kann uns dabei wertvolle Dienste im Alltag erweisen. Spüre ich als innere Reaktion auf eine äußere Erfahrung, dass ich emotional in Aufruhr gelange, es ist theoretisch egal in welche Richtung, wobei wir in der Praxis eher dazu geneigt sein werden den allzu großen Ausschlag in die „negative" Richtung vermeiden zu wollen, dann stelle ich mir geistig einfach dieses Bild vom Pendel vor und visualisiere nun, wie ich vom ganz unteren Ende des Pendels hinaufklettere und mich soweit oben, wie es mir im Moment möglich ist, festsetze. An meinem neu errungenen Standort weiter oben am Pendel spüre ich nun wie die emotionale Welle, die mich ansonsten erfassen würde, viel geringer ausfällt als bisher. Ich spüre wie ich immer ruhiger reagieren kann, soweit bis ich vielleicht gar nicht mehr reagieren muss, bis mich keine äußere Erfahrung mehr aus meiner (neutralen) Mitte werfen kann.

Dies ist natürlich nicht von heute auf morgen zu erreichen, aber mit beständiger Übung, mit Achtsamkeit und Aufmerksamkeit werden wir bald merken, dass wir schon erste Fortschritte auf diesem Weg erzielen. Und mit den ersten Erfolgen kommt auch die Lust, den Weg weiter zu gehen, sich beständig im Alltag selbst zu beobachten, seine Reaktionen zu hinterfragen und immer mehr wahrzunehmen wie die neu gewonnene Geistesruhe uns gut tut, angenehm für unsere Mitmenschen ist, uns zu einem glücklicheren, friedvolleren, gelasseneren Dasein führt.

Mit der Zeit stellen wir sogar fest, dass unsere Ängste abnehmen, denn wir wissen, was immer auch geschieht, es kann uns nicht aus der Ruhe bringen, wir haben ein Maß an innerer Balance und geistiger Stabilität erreicht, das es uns ermöglicht, dem Leben mit Zuversicht und Mut zu begegnen, anstatt angstvoll vor dem Leben zu zittern, weil jede kleinste Abweichung vom gewohnten Alltag uns schon aus unserer Mitte werfen kann.

Diesen Weg können wir unterstützen mit jeder Form spiritueller Praxis, je regelmäßiger durchgeführt desto wirkungsvoller. Wir können uns das vorstellen wie einen Muskel, den wir trainieren wollen. Das Ergebnis wird unterschiedlich ausfallen, ob ich nur alle paar Wochen mal meine Hanteln hebe oder ob ich dies täglich tue. Genauso ist es auch bei geistigem Training. Ich werde dann schnelle und gute Ergebnisse erzielen, wenn ich täglich übe und seien es anfangs nur 5-10 Minuten. Eine gute Zeitspanne sind z.B. 11 Minuten, dies reicht schon, um unser Drüsen- und Nervensystem nachweislich zum Positiven zu beeinflussen.

Je weiter ich auf meinem Weg der geistigen Entwicklung voranschreite, desto mehr werde ich auch ein inneres Verlangen nach spiritueller Praxis spüren. Dann wird es für mich selbstverständlich sein, 1-2 Stunden meines Tages dafür zu „opfern", weil ich erkannt habe, dass es das Sinnvollste ist, was ich überhaupt tun kann. Es wird mir nicht mehr länger als Opfer vorkommen, es wird meine wichtigste Tätigkeit des Tages sein und mehr und mehr wird sich mein ganzes Leben danach ausrichten. Dann beginnt sich plötzlich eine völlig neue Qualität in meinem Leben auszubreiten – ich spüre, wie ich auch mein Leben verändern möchte. Wie es mir weniger nach äußeren Vergnügungen gelüstet, wie ich weniger künstlich Unterhaltung suche, sei es in Form von Fernsehen oder sonstigem Medienkonsum, in Form von Fortgehen und Partys feiern, exotischen Fernreisen oder womit ich mich sonst bisher ablenkte. Ablenkte von meiner wichtigsten Reise, der Reise zu mir selbst...

Der neutrale Geist

Wenn wir die Extreme des negativen Geistes und des positiven Geistes erlebt, durchlebt und zutiefst verstanden haben, dann gelangen wir an einen Punkt, an dem wir eine Balance zwischen beiden finden können und wollen. In dem Maße, in dem uns dies gelingt, wenden wir uns von der Welt der polaren

Gegensätze ab und beginnen den Weg zurück in das Bewusstsein der Einheit. Dabei versuchen wir nun nicht mehr, nur die Extreme auszugleichen – wie es noch die alten Hermetiker beschrieben – denn so bleiben wir dennoch in der Welt der Gegensätze verhaftet, sondern wir erschaffen einen dritten, einen neuen Zustand. Den Zustand des neutralen Geistes, in dem wir uns mit nichts mehr identifizieren und keine Verhaftungen an die äußere Welt der Erscheinungen mehr haben.

So beschreiten wir den Weg von der Materie zurück zur Einheit, wir integrieren die polaren Gegensätze in das ewig Eine. Dabei geht es also um Integration und nicht mehr nur um bloßen Ausgleich, um Balance der beiden Pole. Der neutrale Geist kann uns so als Führer zur Essenz unseres Wesens, zu unserem Wesenskern, den göttlichen Kern in uns, zu unserer Seele dienen. Gemäß den Lehren des Kundalini Yoga nach Yogi Bhajan benötigt der neutrale Geist neun Sekunden um aktiv zu werden und uns eine Grundlage für unsere Entscheidungen zu liefern. Das heißt, der Weg heraus aus dem entweder vom positiven oder vom negativen Geist geprägten reaktiven Verhalten beginnt damit, dass wir nicht sofort und automatisch reagieren, sondern erst einmal durchatmen und eine gewisse Zeitspanne, nämlich neun Sekunden, abwarten und dann in uns hinein hören, mit welcher Antwort der neutrale Geist aufwartet.

Der neutrale Geist muss nicht erst künstlich erschaffen werden, er ist in jedem Menschen angelegt. Wir alle haben einen inneren androgynen Anteil. So wie wir beim Prinzip der Geschlechtlichkeit gelernt haben, dass jeder von uns sowohl über einen männlichen als auch über einen weiblichen (Geistes-)Anteil verfügt, so verfügen wir auch alle über einen neutralen Geist. Diesen neutralen Geist zu pflegen, zu stärken und seine Qualität immer mehr unser Leben bestimmen zu lassen, ist der Weg, der uns zurück zum göttlichen Bewusstsein führt, der uns den Ausstieg aus der illusionären Wahrnehmung der Wirklichkeit ermöglicht. Es ist die Geisteshaltung, die, wie wir beim Gesetz von

Ursache und Wirkung erkannt haben, kein Karma mehr nach sich zieht, weil sie frei von jeglicher Ego-Absicht ist, welche den Karma erzeugenden Faktor unserer Handlungen darstellt.

Eng mit dem neutralen Geist verbunden ist unsere Intuition, denn diese kommt aus dem Herzen und das Herz, wie wir bei der Besprechung des neunten Gesetzes noch genauer sehen werden, arbeitet jenseits der polaren Gegensätze. Die Intelligenz des Herzens ist stark mit dem neutralen Geist verbunden, sie ist unser Kompass, der in Richtung unserer Seele weist. Die damit einhergehende neu errungene geistige Klarheit und Gelassenheit ermöglicht uns das Leben von einer höheren Warte, der sogenannten Meta-Ebene, aus zu betrachten. Wir können uns gleichsam selbst beobachten wie wir in den verschiedenen Lebenssituationen reagieren, was weiter unsere Souveränität dem Leben gegenüber stärkt und uns zu dem Felsen in der Brandung werden lässt.

Das Wesen der wahren Identität

So die Übersetzung von „Sat Nam Rasayan", einer uralten yogischen Heiltechnik. Sie sei an dieser Stelle erwähnt, weil ihr Hauptinstrument und wesentliches Merkmal die Neutralität bzw. Shunya, was übersetzt „Stille" bedeutet, ist. In der Neutralität urteilt das Bewusstsein nicht, daher ist die Erfahrung unverfälscht und direkt. Auf diese Weise wird ein meditativer Bewusstseinsraum errichtet, in dem alles wahrgenommen wird, ohne zu bewerten und ohne es mit eigenen Erinnerungen, Zweifeln, Bildern oder sonstigen gedanklichen Inhalten, die in der Wahrnehmung auftreten mögen, in Verbindung zu setzen. Dieser Bewusstseinszustand ist durch allumfassende Aufmerksamkeit charakterisiert und schließt die bewusste Aufmerksamkeit für alle Empfindungen ein. Wir werden im neutralen Bewusstseinszustand also keineswegs, wie vielleicht vermutet, weniger empfindsam, weil wir uns nicht mehr mit unseren Emotionen identifizieren, sondern im Gegenteil wir werden dadurch frei alles zu fühlen, was

IST und lassen nicht mehr unser gesamtes Bewusstseinsfeld von einer Emotion, die meist reaktiv infolge eines vergangenen Traumas hochkommt, einnehmen.

Sobald dieser Raum der Neutralität und Aufmerksamkeit dadurch eingeschränkt wird, dass wir inneren Bildern oder hochkommenden Gedanken nachgehen, trennen wir uns von unseren gegenwärtigen Erfahrungen und ersetzen sie durch Interpretationen. Die so erschaffenen Konstruktionen sind jedoch Teil der geistigen Struktur des Betrachters und entsprechen nicht mehr der neutralen Wirklichkeit. Die Folge ist, dass sich der Wahrnehmungsraum verengt, weitere authentische Erfahrungen eingeschränkt werden und wir uns immer weiter von der Wirklichkeit entfernen und in ein selbsterschaffenes Gedankenkarussell einsteigen, das den gegenwärtigen Moment bald vollkommen überlagert.

Die Bedeutung des Jetzt

Als unser eigentlicher meditativer Geist ist der neutrale Geist derjenige Bewusstseinszustand, den wir mit jeglicher spiritueller Praxis erreichen wollen und der uns zu weiteren spirituellen Tugenden wie Mitgefühl, Achtsamkeit, Präsenz, Reinheit führt. Ein weiterer Weg, den neutralen Geist immer stärker in unserem Leben zu verwirklichen ist damit, uns immer vollkommener in Gegenwärtigkeit zu üben; in der Wahrnehmung des momentanen Augenblicks, mit unserer gesamten Aufmerksamkeit und unserem vollen Bewusstsein ganz bei dem zu verweilen, was gerade ist, was wir gerade tun, was um uns herum geschieht.

Das völlige Eins sein mit dem gegenwärtigen Moment ist auch das, was uns unmittelbar mit dem Leben, mit Gott verbindet. Es führt uns zu einer völlig neuen Lebendigkeit, die wir uns bisher nicht einmal erträumen konnten. Wir werden sozusagen Eins mit dem Leben, fließen im Fluss des Lebens wie Fische im Wasser, unbekümmert und sorglos, wissend das jeder Tag ein Geschenk Gottes ist, dass uns nichts passieren kann, dass das Leben IST.

Wie Patanjali in seiner aller ersten und wichtigsten Sutra über Yoga schreibt:

„Atha Yoganusasanam."
„Jetzt ist Yoga."
(PYS 1,1)

Im Jetzt erkennen wir das Leben, erkennen wir uns, erkennen wir Gott. Und dieses Jetzt führt uns unmittelbar zum Neunten Gesetz, zur Vollendung.

9. Gesetz der Liebe

„Den Schlussstein der Pyramide bildet die reine Göttliche Liebe in Form des Christos. Alles Wollen und alle Sehnsüchte sind überwunden, das Wesen ruht im reinen Gewahrsein: Sat-Chit-Ananda (Sein-Bewusstsein-Glückseligkeit). Das Herz vereint, was die Materie trennte; die Rückkehr in den Schoss Gottes ist vollbracht. "
Weg des Herzens

Dieses Prinzip erläutert die eigentliche Bedeutung der Trinität, die Erfahrung der Liebe in unserem Universum: Der handelnde (Vater) und der inspirierende (heilige Geist) Geist bringen hervor einen neuen lebendigen Geist (Sohn). In diesem Zustand ist der Mensch ein erwecktes bewusstes Schöpferwesen, das Selbst ist auf die höchste Form des Seins gebracht und ist so in das Quellbewusstsein zurückgekehrt, das sich in unserem Universum in Form der Trinität manifestiert. Die drei Facetten/Qualitäten des Göttlichen werden im Yoga als „Sat-Chit-Ananda" bezeichnet und sind die Beschreibung des an sich attributlosen Brahmans. Dabei bedeutet „Sat" der Zustand des Seins oder der Existenz an sich, auch Wahrheit. „Chit" steht für

Bewusstsein, Verstand, höchstes Wissen/Weisheit. „Ananda" ist höchste Freude, Glückseligkeit. Die reine Freude Brahmans gilt in den Upanishaden als höchste Form unbedingten Glücks.

Dies ist der Zustand, den Jesus Christus "das Himmelreich/Reich Gottes auf Erden" nannte. Er meinte damit nichts anderes, als in der reinen, bedingungslosen Liebe zu leben. In der Liebe, die alles vereint, nichts mehr ausschließt, bedingungs- und erwartungslos ist. Dann sind wir wahrhaftig, ruhen in der Essenz unseres Wesens, unserem göttlichen Kern, und leben damit im „Reich Gottes". Die Liebe, die Jesus meinte und lehrte ist die bedingungslose, Göttliche Liebe. Sie ist die Liebe, von der hier gesprochen wird, die das höchste aller kosmischen Gesetze bildet und die das Ziel unseres Seins auf Erden ist. Wir leben hier, um die Liebe zu lernen und sie in alle Bereiche unseres Lebens einfließen zu lassen. So sollen wir, wie Jesus uns lehrte, den Himmel auf Erden erschaffen.

Ruhen wir in der reinen Liebe, sind diese drei Facetten nicht getrennt voneinander. Wenn wir tief nach innen gehen, uns in unserem (höheren) Herzen[2] fixieren, fühlen wir diese drei Facetten zusammen und nehmen sie in Form einer allumfassenden Liebe war. Wenn wir den Zustand dieser inneren Vision verwirklicht haben, dann beginnen wir wahrlich im Himmelreich zu leben. Ansonsten ist das Sein/die Existenz an einem Ort, das Bewusstsein befindet sich getrennt davon an einem anderen und die Glückseligkeit ist überhaupt getrennt von den beiden anderen an einem nur in seltenen Höhepunkten erreichten Ort. Wenn wir die Wahrnehmung von Sein-Bewusstsein-Glückseligkeit in einem erleben, wobei jede Qualität die anderen ergänzt und vervollkommnet, leben wir in der reinen Liebe, an dem Ort, den Jesus mit dem Himmelreich/Reich Gottes bezeichnet hat.

---

[2] Wenn hier die Rede vom Herzen ist, dann ist damit das energetische, feinstoffliche Herz des Menschen gemeint, das in der Mitte der Brust, auf Höhe des organischen Herzens, lokalisiert ist.

Das Himmelreich ist somit wahrlich in uns. Das können wir fühlen und wir können es ganz werden. Das ist sogar unsere Bestimmung hier auf Erden. Alle Suche, alles Streben im Außen bringt uns in dieser Hinsicht keinen Schritt weiter und lenkt uns nur von der eigentlichen Aufgabe ab.

„Das Reich Gottes kommt nicht mit äußerlichen Gebärden; man wird auch nicht sagen: Siehe hier! oder: Da ist es! Denn sehet, das Reich Gottes ist inwendig in euch."
Lk.17:20-21

Liebe – die Nicht-Dualität

Wenn wir nicht sehr achtsam sind, dann führt uns der Weg in die Materie ganz vom Göttlichen weg und lässt uns in einem Sumpf von Angst, Leiden, Gier und Hass versinken. Einem Zustand der zu Resignation, Depression, Verzweiflung in manchen Fällen sogar bis hin zu Selbstmord führen kann. Einem Zustand der Getrenntheit, in dem das Außen als Gefahr, die Welt als ein Jammertal und das eigene Dasein als sinnlos empfunden wird. Dies ist der Ort, den wir als Hölle bezeichnen, mit seinem Fürsten, den Teufel, als Hüter der Zweiheit, des Zwiespalts, der Getrenntheit.

Wenn wir die wahre Liebe leben stehen wir jenseits der Polarität, haben gut und böse in unserem Herzen vereint und nehmen keine Getrenntheit mehr wahr. Wir schließen nichts und niemanden mehr aus, wir erkennen alles Sein als göttlich. Dies ist die Voraussetzung und Grundbedingung, um in die wahre, bedingungslose Liebe eingehen zu können. Solange es noch irgendetwas, irgendjemanden gibt, das oder den wir ausschließen, ablehnen, so leben wir noch in der Getrenntheit und das Reich Gottes bleibt uns verschlossen.

Somit kann sich wahre Liebe niemals nur auf einen Menschen bzw. einen kleinen Kreis von Personen oder eine Sache konzentrieren. Solange unsere Liebe auf eine bestimmte Person beschränkt ist, LIEBEN wir nicht. Somit kann wahre Liebe ihrem Wesen nach nur allumfassend oder gar nicht sein. Nur ein bisschen oder nur ab und zu bzw. einen eng umgrenzten Kreis von Menschen (die eigene Familie/Freunde, das eigene Volk, etc.) zu lieben und alle anderen auszuschließen hat nichts mit Liebe zu tun. Dies ist möglicherweise eine Abart - eine menschlich verkleinerte Form - der göttlichen Liebe, eine kleine Ahnung in unserem Herzen, in welcher Richtung das Ziel liegt. Doch niemals kann sie sich mit der wahren, bedingungslosen Liebe vergleichen, denn sie baut letztlich immer noch auf dem Prinzip der Dualität, der Getrenntheit auf.

Es ist von außerordentlicher Wichtigkeit, genau diese Unterscheidung zwischen wahrer/göttlicher Liebe und dualer/ menschlicher Liebe zu treffen, denn nur, wenn uns die Unterschiede vollkommen klar sind, wenn kein Zweifel mehr an der Einheit allen Seins besteht und wir in Allem den göttlichen Funken wahrnehmen können, nur dann können wir anfangen, uns der wahren Liebe, dem Ziel unseres Lebens hier auf Erden zu nähern.

Die menschliche Form der Liebe kann sich in ihren Höhepunkten vielleicht ähnlich anfühlen, doch basiert sie im Grunde ihres Wesens auf Bedingungen, Abhängigkeiten, Bedürftigkeit und allen möglichen Ängsten. Der Angst, jemanden oder etwas zu verlieren, der Angst vor Einsamkeit, der Angst, nicht geliebt oder als nicht begehrenswert betrachtet zu werden. Darum will die menschliche Liebe den anderen Menschen, den Partner, die Kinder, die Freunde festhalten und an sich binden. Sie will kontrollieren, um die vermeintliche Sicherheit zu haben, dass man alles beherrscht. Häufig ist die menschliche Liebe auch ein Tauschgeschäft. Wir geben Zuneigung und erwarten dafür Treue und Gehorsam. Wir erwarten uns einen angemessenen

Lebensstandard, Versorgung und Erfüllung unserer materiellen Bedürfnisse, emotionale Sicherheit, ständige Zuwendung und Aufmerksamkeit.

Das Haus der menschlichen Liebe ist damit auf Sand gebaut, es wird beim ersten größeren Wolkenbruch einstürzen. So lehrte uns Jesus unser Haus – unser Leben – auf festem Grund zu bauen, damit es durch nichts erschüttert werden könne. Dieser feste Grund, der Fels, auf dem wir unser Haus bauen sollten, ist nichts anderes als die bedingungslose Liebe. Darum wird diese Bibelstelle auch so gerne – meist jedoch in Unkenntnis ihrer wahren Bedeutung – bei Eheschließungen verlesen. Gründet unser Leben auf den Festen der göttliche Liebe, so kann uns nichts mehr erschüttern, keine Angst, kein Zweifel kann uns mehr überkommen. Wir befinden uns dann in einem Zustand jenseits des Leidens, denn wir erkennen alles als göttlich und wissen tief in unserem Herzen, dass uns nichts passieren kann, da wir Kinder Gottes sind und niemals tiefer fallen können als in Gottes Hand. Keine Versicherung der Welt kann uns dieses Maß an Sicherheit geben, kein noch so großes Glück kann uns mit einer solch tiefen und dauerhaften Freude und Lebendigkeit erfüllen, als das Gefühl, unser Haus auf Fels gebaut zu haben.

Die Wissenschaft der Liebe

Liebe ist wohl das älteste Thema unserer Welt. Für die Liebe wurden Kriege begonnen, die größten Mythen der Menschheit besingen die Liebe, Hollywood lebt davon und unendlich viele Wirtschaftszweige bedienen sich der Sehnsucht der Menschen nach Liebe. Alles wonach wir vordergründig streben: Reichtum, Macht und Ansehen – all dies tun wir nur um geliebt zu werden. Was allen großen spirituellen Lehren dieser Welt seit langem klar ist, entdeckt nun auch die Wissenschaft – Liebe ist die höchste Kraft in unserem Universum und vermag schier Unmögliches zu vollbringen – und liefert gar schon das exakte Messergebnis, bedingungslose Liebe hat eine Frequenz von 8 Hz.

Gezeigt wurde das unter anderem von Dan Winter durch sein eigens dafür entwickeltes Messverfahren, dem Heart Link, das die Phasenlage zwischen EKG und EEG misst. Interessanter Weise entspricht diese Frequenz auch der Eigenfrequenz unserer Erde, der sogenannten Schuhmannfrequenz.

Ebenfalls wissenschaftlich erwiesenen ist zwischenzeitlich die starke Heilkraft von Liebe. Der Arzt Larry Dossey, Autor der Bücher *Healing Words* und *Prayer is Good Medicine*, führt über 60 verschiedene Studien auf, die beweisen, dass die Kraft der Liebe, etwa in Form von absichtsfreien mitfühlenden Betens, eine klar messbare Heilwirkung hat. Das vom Stressforscher Doc Childre gegründete Heart-Math Institute konnte mithilfe innovativer Messtechniken belegen, was die spirituellen Weisen seit Jahrtausenden wissen: „Die Herz-Intelligenz ist die Bewusstheit, die wir erfahren, wenn Geist und Körper im Gleichgewicht und somit in Kohärenz sind." Dabei konnte er zeigen, dass, wenn wir unsere Aufmerksamkeit auf unser Herz lenken und ein zentrales Herzgefühl wie Liebe, Hingabe oder Mitgefühl aktivieren, sofort der Herzschlag kohärenter wird, was zu einer Kaskade von neuronalen und biochemischen Ereignissen führt, die praktisch alle Organe des Körpers miteinbezieht.

Studien belegen, dass Herz-Kohärenz auch zu mehr Intelligenz führt, weil die Aktivität des sympathischen Nervensystems – des Kampf-oder-Flucht-Reflexes – verringert und das wachstumsfördernde parasympathische Nervensystem gestärkt wird. Die Entspannung, die mit Herz-Kohärenz einhergeht, reduziert zudem die Ausschüttung des Stresshormons Kortisol und bewirkt, dass aus seinen Vorstufen das Anti-Aging-Hormon DHEA (Dehydroepiandrosteron) gebildet wird. Die Aktivierung der Herzenergie durch Gefühle wie Liebe, Mitgefühl und Hingabe verhelfen uns also zu einem gesünderen, längeren und vor allem glücklicheren Leben.

Bereits in den 1970er Jahren entdeckten Forscher vom Fels Research Institute, dass das Herz über ein eigenes, unabhängiges Nervensystem mit mindestens 40.000 Neuronen verfügt, die mit den bewusstseinsrelevanten Gehirnbereichen der Amygdala, dem Thalamus und dem zerebralen Cortex kommunizieren. Dabei tut das Herz nicht automatisch das, was ihm vom Gehirn befohlen wird, sondern interpretiert die neuronalen Signale auf seine Weise und macht seine Reaktion vom gegenwärtigen emotionalen Zustand der Person abhängig. Dies fühlte wahrscheinlich auch schon der französische Mathematiker und Philosoph Blaise Pascal als er meinte „Das Herz hat Gründe, die der Verstand nicht kennt."

Das Herz sendet unsere Emotionen in unsere Umwelt und wird seinerseits von den Emotionen beeinflusst, die andere aussenden. Wenn sich eine Person mit einer anderen emotional verbindet, beginnen die elektrischen Aktivitäten der beiden kommunizierenden Herzen sich miteinander zu verschränken und sich zu synchronisieren. Das bedeutet, die heilende Schwingung der Herzenergie ist übertragbar. Damit wird klar, wie wichtig es ist, dass wir Gefühle der Liebe, des Mitgefühls und der Freude in unsere Umwelt entsenden. Nicht nur, weil wir durch das Prinzip der Resonanz damit gleich schwingende Menschen anziehen, was uns wiederum zu weiteren freud- und liebevollen Erfahrungen verhilft, sondern auch, weil wir damit über die morphische Resonanz das Feld für Liebe in unserer Welt immer weiter verstärken und damit allen Menschen den Zugang zu diesem Seinszustand erleichtern.

Je mehr wir verinnerlichen, dass wir das, was wir im Außen suchen nur in uns selbst zu entwickeln brauchen, weil wir so das Gewünschte gesetzmäßig anziehen, umso stärker werden wir auch ein Gefühl der Fülle in unserem Leben erfahren. Da das Mangelbewusstsein, das uns zu der Suche im Außen antreibt, durch das Bewusstsein der Fülle, dass wir alles was wir im Außen zu finden hoffen, bereits in uns tragen, ersetzt wird. Damit wir geliebt werden, brauchen wir also weder Geld, noch Ansehen oder

Macht, sondern müssen einfach selbst zu liebevollen Wesen werden. Wozu wir uns also aufschwingen müssen, ist, von der „Liebe zur Macht" zur „Macht der Liebe" zu gelangen.

Merkmale der menschlichen Liebe

Die menschliche Liebe ist leicht zu unterscheiden von der bedingungslosen Liebe. Man erkennt sie daran, dass sie Erwartungen und Hoffnungen hat, Verpflichtungen auslöst, den Anderen ändern will, dazu auch nicht davor zurück scheut Druck auszuüben. Sie gibt eine Leistung und erwartet dafür eine Gegenleistung, ist somit berechnend, kalkulierend und voll Absicht. Sie bringt Abhängigkeiten mit sich, klammert und hält fest. Ihre Opferbereitschaft ist eine falsche, denn sie opfert sich auf, weil sie dafür etwas erwartet. Sie handelt aus Angst – den Anderen zu verlieren - und erzeugt damit Angst.

Sie ist eine polare Kraft, weil sie unterscheidet, trennt und damit den Samen für Zwiespalt und Zwietracht setzt. Ein falsches Wort, eine falsch verstandene Geste und schon kehrt sie sich in ihr Gegenteil um und wird zu bitterem Hass. Deswegen sagen wir Menschen: „Liebe und Hass liegen eng beieinander." Wie alles Polare sein Gegenteil hat, so hat auch die menschliche Liebe ihr Gegenteil. Ehe wir uns versehen, führt sie zu Eifersucht, Enttäuschung, Frustration und Trennung. Sie ist verbunden mit Verlust, Einsamkeit und Verbitterung und endet nur allzu oft in Aggression, Gewalt, Krankheit und Tod.

Somit kann menschliche Liebe niemals zu dauerhaftem Glück führen, sondern höchstens zu vorübergehenden Glücksgefühlen, einem Hoch, auf das schon bald das nächste Tief folgen wird. Gemäß dem Gesetz der Polarität und dem Gesetz des Rhythmus. Wie Ebbe und Flut, Tag und Nacht aufeinander folgen, so zieht der Rausch der großen Liebe unweigerlich das harte Aufschlagen im Tief der Enttäuschung und Frustration nach sich. Wenn mir plötzlich das, was ich mir vom geliebten Menschen erwartet habe, verwehrt bleibt oder doch nicht so wie erhofft eintritt. Tja, diese Liebe ist wie ein Vögelchen. Sie springt von Ast zu Ast, wandert vom einen zum anderen...

Merkmale der bedingungslosen Liebe

Bedingungslos zu LIEBEN bedeutet, Jesus Christus in unserem Herzen auferstehen zu lassen. Als Jesus sagte, "ich bin der Weg, die Wahrheit und das Leben", forderte er uns auf, ihm nachzufolgen und so wie er in bedingungsloser Liebe, im ständigen Gebet zu leben. Fähig dazu sind nicht nur große Heilige wie er und entrückte Yogis, sondern wir alle. Denn wir alle sind Kinder Gottes und tragen damit die Fähigkeit zu bedingungsloser Liebe in uns.

Wir nähern uns ihr an, wenn wir die Werte und Gebote, die wir in allen großen Religionen und spirituellen Traditionen vorfinden, leben und nicht nur predigen. Dazu gehören allen voran das Nichtverletzen, im Yoga - das oberste Gebot – „Ahimsa" genannt. Dies umfasst die Achtung vor dem Leben, nicht nur dem Leben anderer Menschen, sondern genauso vor dem Leben von Tieren sowie der Achtung vor der Schöpfung insgesamt. Wir leben in Genügsamkeit und nehmen uns nicht mehr, als wir benötigen, leben damit nicht auf Kosten Anderer oder beuten Andere aus. Unsere Genügsamkeit entstammt dem Gefühl der Fülle, dass ich zu jeder Zeit genug haben werde, dass mir das, was ich zum Leben brauche, immer gegeben wird. Sie entspringt einer Wahrnehmung jenseits von Mangel, welche mich aus Angst zu wenig zu haben dazu treibt, Reichtümer zu horten und in Gier nach immer mehr zu streben. Und sie legt eine Bescheidenheit an den Tag, die mit Demut annimmt, was ihr von Gott gegeben wird und in Geschwisterlichkeit und Großzügigkeit mit dem Nächsten teilt. Getragen von Mitgefühl und Hilfsbereitschaft, frei zu geben – sich zu geben - ohne Erwartungen und ohne Eigennutz.

Gleich gefolgt vom Gebot der Aufrichtigkeit, das bedeutet vollkommen im Einklang mit den Gesetzen des Universums zu leben. Eine Ehrlichkeit, die weit mehr meint, als nicht zu lügen, die sich ganz und gar der Wahrhaftigkeit des eigenen Wesens verschreibt und damit eine unerschütterliche Beständigkeit und Zuverlässigkeit nach sich zieht. Weil sie ihre Fahne nicht nach dem Wind hängt, sondern in unbeugsamer Festigkeit dem Weg des Herzens, dem Weg der Wahrheit folgt. Diese Verlässlichkeit entspringt der Disziplin, die eigenen Triebe und Wünsche zu beherrschen und sie nicht vor die Rechte anderer zu stellen. Sie basiert auf einem Gefühl für Gerechtigkeit und Rechtschaffenheit, die auf dem Weg der Liebe als natürliche Folge der Barmherzigkeit empfangen wird.

Ein Kennzeichen der bedingungslosen Liebe ist auch die Freiheit von allen inneren und äußeren Zwängen, eine Freiheit von allem Mangel, die einen vollkommenen Frieden in Form umfassender Herzensruhe mit sich bringt. Sie führt zu Ausgeglichenheit und dem unerschütterlichen Gefühl, sich in der eigenen Mitte zu befinden und weiter zu Gelassenheit, einer Ruhe im Tun und Sein, die keinen Stress und keine Hektik kennt. Denn ich tue mit Beharrlichkeit und Beständigkeit, was zu tun ist, was zu gegebener Zeit getan werden kann, hege jedoch keine Erwartungen und muss daher keine Enttäuschungen fürchten. Dies bedeutet eine Beharrlichkeit, die mit höchster Flexibilität und innerer Beweglichkeit den Gesetzmäßigkeiten des Lebens folgt, ohne sich in Starre nach irgendwelchen äußeren Erwartungen zu verbiegen. Sie ist wie Wasser, das den Stein umfließt, wie der lebendige Zweig, der sich den Stürmen des Lebens hingibt ohne zu brechen.

Weitere Merkmale der bedingungslosen Liebe sind:
- Reinheit, nicht nur des Körpers, sondern vor allem unserer Gedanken, Gefühle und Handlungen. Diese sind dann rein, wenn sie der göttlichen Ordnung entsprechen und auf dem Gebot der Nächstenliebe, die auch die Liebe zu sich selbst umfasst, beruhen.

- Zufriedenheit, die zu innerer Ruhe, Sanftmut und Standhaftigkeit als Festigkeit des Herzens führt, weil sie frei ist von jeglichem Begehren.
- Spontaneität, Offenheit und Vertrauen in Gott, in der absoluten Gewissheit völliger Geborgenheit und höchsten Wohlergehens.

Bedingungslose Liebe wertet und bewertet nicht, urteilt und verurteilt nicht, sondern ist urteilslos, vergebend und verzeihend. Sie führt zu Freiheit, Frieden, Glück, Harmonie, Wachstum, Würde und Vollkommenheit. Sie lässt uns das Wesen und die Essenz allen Seins erkennen und verschmilzt uns mit dem Sinn unseres Daseins. Wie Antoine de Saint-Exupéry in „Der kleine Prinz" schreibt:

"Man sieht nur mit dem Herzen gut, das Wesentliche ist für die Augen unsichtbar."

Der gelebte Aspekt bedingungsloser Liebe

Freude ist ein zentraler, gelebter Ausdruck von Liebe und kann uns auf dem Weg zu bedingungsloser Liebe ein höchst wertvoller Wegweiser sein. Sobald wir etwas mit Freude tun, tun wir es selbstlos und ein Gefühl der Lebendigkeit macht sich breit. Wenn Freude als Triebkraft hinter unserem Handeln das Verlangen hinter einem dem Ego entspringenden Handeln ablöst, dann sind wir auf dem besten Weg den Himmel auf Erden wahr werden zu lassen. Solange wir uns daran orientieren, was uns seiner selbst wegen Freude bereitet und wir ganz im Tun aufgehen, ohne dabei ein äußeres Ziel vor Augen zu haben – wie die Gewinnzahlen zu verdoppeln oder uns für eine Führungsposition zu qualifizieren – wird unser Handeln eine Lebendigkeit ausstrahlen, die alles andere noch so emsige Arbeiten bei Weitem überstrahlt.

Es wird in uns eine Glückseligkeit hochsteigen lassen, die der bekannte amerikanische Wissenschaftler und Glücksforscher Mihalyi Csikszentmihalyi auch mit „Flow" bezeichnet hat und aus der alle wirklich großen Leistungen der Menschheit entsprungen sind. So erkannte Csikszentmihalyi: „Ich habe Künstler, Komponisten, Sportler und Wissenschaftler beobachtet, die ihre Tätigkeit absolut lieben, die nichts anderes tun wollen, als das womit sie sich beschäftigen. Und sie machen das nicht um später etwas dafür zu bekommen, sie machen es nicht für Geld und auch kaum für Ruhm. Auch die Anerkennung durch die Kollegen ist ihnen nicht wichtig, sie machen es, weil es für sie selbst so wichtig ist, weil es ihnen so viel Freude bereitet und auch so viel Erfüllung bringt und es für sie auf der Welt nichts Vergleichbares gibt. Und was mich dabei am meisten erstaunt ist, dass diese Art von absoluter Hingabe an etwas, das das Leben lebenswert macht aus einer riesigen Vielfalt an verschiedenen Dingen gewählt werden kann".

Selbst normalerweise als unangenehm empfundene alltägliche Aufgaben, wie zum Beispiel die Toilette putzen, Buchhaltungsbelege sortieren oder Hemden bügeln können wir mit einem Gefühl der Hingabe und des Dienens verrichten, sie damit erhöhen und unsere Einstellung gegenüber solchen Arbeiten neu interpretieren. Dabei hilft uns eine einfache Änderung der Sichtweise: Statt zu erwarten, dass Freude dem entspringt, was wir tun oder Freude unser Lohn sein wird, wenn wir erst das Ziel erreicht haben, das wir mit unserem Tun verbinden, können wir künftig umgekehrt, die Freude, die in uns steckt in das, was wir tun, einfließen lassen. So kann jede Tätigkeit zu einer freudvollen Erfahrung werden.

Wichtig dabei ist, stets voll präsent zu sein und den gegenwärtigen Augenblick zum Mittelpunkt unseres Lebens zu machen. In dem Maße, in dem uns diese Präsenz glückt, wird auch unsere Fähigkeit Freude zu empfinden zunehmen, und wir werden unabhängig davon immer freudvollen Vergnügungen hinterher hecheln zu müssen. Es ist somit nicht das Ziel, das wir mit dem Tun erreichen wollen, sondern die Tätigkeit an sich, die uns die Freude, das tiefgreifende Gefühl der Lebendigkeit bereitet. Wenn wir etwas mit Freude tun, erfahren wir den dynamischen Aspekt der Liebe und darum verbindet uns das mit der Energie, die allem Sein zugrunde liegt.

Durch Freude werden wir eins mit der universellen Schöpferkraft und dienen dadurch dem Leben. Dabei ist Dienen nicht im herkömmlichen Sinn als „Be"dienen zu verstehen, wo wir quasi unsere eigene Lebensaufgabe leugnen, um uns in einer Art Frondienst den Egozwecken eines anderen Menschen zu unterwerfen. Mit Dienen ist in diesem Kontext die Erfüllung der eigenen Lebensaufgabe, des eigenen Lebenssinns gemeint. In dem Maße in dem wir frei werden von allen äußeren Zielen, die uns unser Verstand und die gesellschaftlichen Prägungen vorgaukeln und ganz mit dem Sinn unseres Lebens verschmelzen, in dem Maße werden wir Diener der Schöpfung und werden hier auf Erden die Erfüllung erfahren, nach der sich unsere Seele sehnt.

Solange wir uns noch ablenken lassen von den Verführungen des Ego, das gespeist wird aus Zielen, die von außen an uns heran getragen werden – sei es durch eigene Bedürftigkeit oder die unserer Umgebung – solange gehen wir an unserem wahren Lebensziel vorbei und werden das Glück, das wir uns aus der Erfüllung unserer Wünsche erwarten, nicht erfahren. Dann können wir alles Geld und alle Macht dieser Welt ansammeln, aber glücklich wird uns das nicht machen. Denn wir können vielleicht unserem Verstand etwas vormachen oder auch anderen Menschen, aber unsere Seele können wir nicht betrügen. Die weiß genau, wann wir uns auf unserem Seelenweg befinden und wann wir nur äußeren Verblendungen und Verführungen folgen.

Verbinden wir uns hingegen mit unserer Lebensaufgabe und machen diese zum höchsten Ziel in unserem Leben, werden wir tiefe Erfüllung und immerwährende Freude erfahren, auch mit Tätigkeiten, die nach außen hin möglicherweise völlig unspektakulär erscheinen mögen. Erst wenn wir bereit sind, alles hinter uns zu lassen, was uns bis dato Sicherheit und Glück zu versprechen schien, erst dann sind wir bereit, höheren Aufgaben in unserem Leben zu dienen. Das meinen auch die spirituellen Weisen, wenn sie sagen, dass wir bereit sein müssen zu sterben, bevor wir richtig zu leben beginnen können. Sie sprechen dabei nicht vom physischen Tod, sondern vom Tod des Ego, das uns den Weg zu unserem wahren Selbst versperrt, solange wir uns nicht aus seinen Fesseln befreit haben.

Stellen Sie sich vor, wir würden in einer Welt leben, in der alle Menschen sich aus den Verstrickungen des Ego befreit haben und im Einklang mit ihrem höheren Selbst leben, den wahren Sinn ihres Lebens erkennend. Wie würde so eine Welt aussehen? Gäbe es da noch die Gier nach Macht, Geld und Ansehen, die unseren wunderschönen Planeten an den Abgrund geführt hat, an dem wir heute stehen und weder vor noch zurück wissen? Würden da Menschen andere Menschen gewissenlos ermorden, versklaven, betrügen? Unsere Umwelt verpesten und unsere tierischen Brüder und Schwestern quälen und missbrauchen? Können Sie denken, dass ein Mensch, der im Einklang mit seiner Seele lebt so handelt?

Alle Probleme, denen wir im Außen begegnen resultieren lediglich daraus, dass wir aus dem schöpferischen Fluss des Seins gefallen sind, weil wir uns mit den falschen Zielen des Egos verbündet und unseren wahren Sinn des Lebens verleugnet haben. Wenn wir es ernst damit meinen, dass wir eine bessere, gerechtere und friedvollere Welt wollen, dann gilt es zu allererst bei uns selbst zu beginnen, den wahren Sinn unseres Lebens zu erkennen und den Mut zu haben auch danach zu leben. Nur wenn wir das verstanden haben und auch danach leben, werden wir all die Situationen und Menschen in unser Leben ziehen, die uns dabei helfen, unser Lebensziel zu verwirklichen, weil wir mit ihnen in Resonanz gehen und sie damit gesetzmäßig anziehen, weil wir ihre

Schwingung aus all den Tausenden von anders schwingenden Menschen herausfühlen.

Wenn wir uns in Verwirklichung unseres wahren Lebenszieles in völliger Hingabe üben, werden wir die damit einhergehende hohe Herzkohärenz und reine Schwingung der Herzensenergie erreichen. Haben wir diesen Zustand erreicht und handeln im Einklang mit unserem höheren Selbst, dann wird unser Handeln auch unvergleichlich schöner und machtvoller sein als alles noch so emsige Tun, das aus dem Verlangen des Ego stammt. Dann handeln wir aus der reinen Freude am Tun, dann führen wir wahrlich ein gottgefälliges Leben, wie die berühmte Sinfonie Beethovens besingt:

„*Freude, schöner Götterfunken, Tochter aus Elysium,*
Wir betreten feuertrunken, Himmlische, dein Heiligtum!
Deine Zauber binden wieder Was die Mode streng geteilt;
Alle Menschen werden Brüder, Wo dein sanfter Flügel weilt."

Der Stein der Weisen

Die bedingungslose Liebe ist mehr als ein Gefühl, sie ist ein Zustand, eine Form des Seins. Sie ist eine Weise dem Leben gegenüber zu treten, die Alles umfasst, nicht nur die Freunde, auch die vermeintlichen "Feinde", die Tiere, die Pflanzen, Mutter Erde – und selbst die Dunkelheit, die Abgründe, die Angst. Sie führt uns in einen Zustand, in dem wir uns mit Allem verbunden fühlen, uns als Teil der Schöpfung erkennen und Gott in unserem Herzen als lebendige Wirklichkeit wahrnehmen können. Als den Lebenshauch Gottes, den lebendigen/heiligen Geist, der unser Herz erglühen lässt und all unsere Worte und Taten mit tiefer Schöpferkraft erfüllt.

Bedingungslose Liebe kann auch niemals enttäuscht werden, weil sie nichts erwartet. Sie kennt keine Schmerzen, kein Leid, befindet sich jenseits von Sorgen, Angst und Depression. Sie wertet nicht, erwartet nichts und fordert nichts. Am nächsten von allen Formen menschlicher Liebe kommt ihr die Mutterliebe, denn eine Mutter liebt ihre Kinder, egal, was sie tun und wie sie sind. Sie liebt sie bedingungslos und macht ihnen damit das größte Geschenk, das man in dieser Welt erfahren kann. Wer einmal in seinem Leben bedingungslose Liebe erfahren hat, weiß, dass es nichts Größeres, nichts Schöneres, nichts Vollkommeneres und Erstrebenswertes gibt. Er wird sich immer daran erinnern und wird sich im Grunde seines Herzens immer danach zurück sehnen. In ihm ist mit dieser Erfahrung der Keim dafür gesetzt, die bedingungslose Liebe in ihrer höchsten Form, in der göttlichen Liebe, in der sie Alles umfasst, zu verwirklichen.

In stillen Stunden erinnern wir uns an diese Erfahrung zurück, wünschen uns tief im Herzen, nochmals an Mutters Brust schlummern zu dürfen und ihre bedingungslose Liebe zu erfahren. Doch vergessen wir darüber oft, dass wir selbst dazu aufgerufen sind diese Liebe zu verwirklichen und damit gottgleich zu werden. Wer gibt, dem wird gegeben werden. Wer LIEBT, der wird GELIEBT werden. Das Gesetz der Schwingung in Anwendung gebracht zur Verwirklichung unseres höchstens Daseinszweckes, zur Erfüllung unseres tiefsten Sehnens. Dem Sehnen in die Rückkehr der göttlichen Einheit.

Die bedingungslose Liebe ist eine Macht, die niemals missbraucht werden kann, weil sie keine Feinde kennt, keine Angst und keinen Zweifel. Sie will nicht Zwiespalt säen, sich nicht Vorteil auf Kosten anderer verschaffen, sie gibt ohne zu erwarten und ist dennoch die höchste Macht der Welt. Sie kann Berge versetzen, Unmögliches möglich machen und sogenannte Wunder bewirken. Wie Jesus uns unermüdlich ermunterte: „Ihr werdet alles das, was ich getan habe, auch tun, ja ihr werdet noch größere Dinge vollbringen als diese." Liebe ist deswegen die höchste Macht, weil wir uns in diesem Zustand im Einklang mit den schöpferischen Kräften des Universums befinden. Unser Wille ist somit der Wille Gottes und wird gesetzmäßig verwirklicht werden. Das ist die

Magie der Liebe, das größte Geheimnis unter allen Geheimnissen und damit wahrlich der Schlussstein der Pyramide. Der Stein der Weisen, nach dem alle Adepten und Suchenden dieser Welt jemals gesucht haben.

Die Magie des Herzens

Bedingungslose Liebe ist die höchste Heilkraft, denn sie ist eine heilige Kraft. Weil sie aus dem Herzen kommt und damit jenseits von Getrenntheit ist, welche Ursache allen Leidens und aller Krankheit ist. Krankheit entsteht, wenn wir uns von unserem göttlichen Kern/von unserer Seele abtrennen und sich so Blockaden in unserem feinstofflichen Energiesystem bilden können und damit die Lebensenergie, die Grundlage für die einwandfreie Funktion aller Organe des menschlichen Körpers ist, nicht mehr uneingeschränkt fließen kann. Wenn wir in der bedingungslosen Liebe sind, können sich die Energieblockaden auflösen und all unsere Beschwerden und Krankheiten mit ihnen. Alles Leiden verlässt uns nach und nach, wir sprühen voll Energie und Lebensfreude.

Durch bedingungslose Liebe wird die Frequenz unserer Schwingungen auf das höchstmögliche Maß angehoben und damit können wir gesetzmäßig nur noch anziehen, was ebenfalls dieser hohen Schwingungsfrequenz entspricht. Alles Unglück, Krankheit und Leiden kann uns damit nicht mehr begegnen, weil diese Zustände auf einer viel niedrigeren Frequenz schwingen. Doch bedingungslose Liebe kann alles niedrig Schwingende überwinden, in ihrer Gegenwart hat selbst die Dunkelheit keine Chance, sondern muss weichen. Wie in einem dunklen Raum, in dem das Licht angeschaltet wird. Sie ist die höchste Kraft in unserem Universum, nichts ist mächtiger als sie. Sie kann daher alles ändern, alles heilen, alles erschaffen.

Bedingungslose Liebe ist auch das Geheimnis immerwährender Gesundheit und ewiger Jugend. Bedingungslose

Liebe ist wahre Magie, wie von Zauberhand geführt verändert sie unser gesamtes Erleben – unserer Selbst, des Lebens und der Welt insgesamt. Sie lässt alles Unharmonische aus unserem Leben verschwinden, schafft, dass uns nur noch liebevolle Menschen begegnen und wir frei von Problemen werden. Sind wir vollkommen in ihr gefestigt, so sind wir vollkommen geschützt. Nichts kann uns zum Schaden gereichen, kein Unfall oder Überfall, kein Diebstahl, keine Katastrophe irgendwelcher Art. All unsere Wünsche gehen in Erfüllung, wir erlangen alle Kostbarkeiten des Lebens und werden Eins mit dem Sinn unseres Lebens. Wie der große Weise Patanjali in seinen berühmten Yoga-Sutren schreibt:

„Wenn Nichtverletzen fest begründet ist, wird Feindschaft in der Gegenwart des Yogis aufgegeben."
PYS 2.35

„Wenn Wahrhaftigkeit fest begründet ist, erlangt man die Frucht der Handlung, ohne zu handeln."
PYS 2.36

„Ist Nichtstehlen fest begründet, kommen alle Kostbarkeiten wie von selbst."
PYS 2.37

„Ist Nichtbegehren fest begründet, versteht man den Sinn des Lebens."
PYS 2.39

Im Zustand der bedingungslosen Liebe befinden wir uns im höchsten Seinszustand. Wir benötigen keine Gesetze und auch keine zehn Gebote mehr, ja nicht einmal mehr die Geistigen Gesetze. Denn die Liebe ist das höchste der Gesetze und trägt damit alle anderen in sich, sie steht so gewissermaßen über allen Gesetzen und wird selbst zum Gesetz. So könnte man sagen „Alles ist erlaubt, Liebe das Gesetz" oder mit den Worten Jesus „Du sollst den Herrn, deinen Gott, lieben mit ganzem Herzen, mit ganzer

Seele und mit all deinen Gedanken. Das ist das wichtigste und erste Gebot." Im Zustand der bedingungslosen Liebe sind wir Eins mit Gott, schwingen synchron mit der höchsten Frequenz des Universums. Wir sind ganz Licht, denn wo Liebe ist, ist immer auch Licht und umgekehrt. Wir befinden uns im Himmelreich und wandeln im Licht Gottes:

„Sie sollen vollendet sein in der Einheit. Aber ich bitte nicht nur für diese hier, sondern auch für alle, die durch ihr Wort an mich glauben. Alle sollen Eins sein: Wie du, Vater, in mir bist und ich in dir bin, sollen auch sie in uns sein, damit die Welt glaubt, dass du mich gesandt hast. Und ich habe ihnen die Herrlichkeit gegeben, die du mir gegeben hast; denn sie sollen eins sein, wie wir eins sind, ich in ihnen und du in mir. So sollen sie vollendet sein in der Einheit, damit die Welt erkennt, dass du mich gesandt hast und die Meinen ebenso geliebt hast wie mich.

Die Welt soll dadurch zum Glauben kommen, sie die Einheit und Einigkeit der Christen sieht. Vater, ich will, dass alle, die du mir gegeben hast, dort bei mir sind, wo ich bin. Sie sollen meine Herrlichkeit sehen, die du mir gegeben hast, weil du mich schon geliebt hast vor der Erschaffung der Welt. Gerechter Vater, die Welt hat dich nicht erkannt, ich aber habe dich erkannt, und sie haben erkannt, dass du mich gesandt hast. Ich habe ihnen deinen Namen bekannt gemacht und werde ihn bekannt machen, damit die Liebe, mit der du mich geliebt hast, in ihnen ist und damit ich in ihnen bin."
Johannes 17,20 – 26

Der Weg zur bedingungslosen Liebe

Der Sinn unseres Lebens auf Erden ist, den Zustand der bedingungslosen Liebe zu erreichen, uns damit aus dem Rad des Karmas, dem Kreislauf der Wiedergeburten zu befreien und zurück zu kehren in die göttliche Einheit. Liebe ist unser aller Ziel, unser Daseinszweck und unsere Erfüllung. Der Weg durch die Inkarnationen konfrontiert uns dabei stets aufs Neue mit Situationen, die uns dazu verhelfen sollen, dies zu verstehen und durch die Erfahrung von Getrenntheit und Leid, das Licht zu erkennen. Denn nur wer die Dunkelheit erfahren hat, weiß, was Licht ist. Nur wer die Nacht erlebt hat, kann den Tag sehen, nur wer durch die Angst gegangen ist, kann die Liebe begreifen.

In diesem Sinne sind unsere vermeintlich größten Widersacher, Feinde und Menschen, die uns das Leben „schwer" machen, unsere größten Lehrmeister. Denn sie wollen genau dies – uns durch die Erfahrung von Leid und Getrenntheit das Licht und die Liebe erkennen zu lassen. Anstatt diesen Menschen gegenüber mit Abneigung, Hass und Aggression zu begegnen, sollten wir ihnen dankbar sein, sollten in uns hinein fühlen, was wir durch sie lernen und erfahren dürfen. Doch was tun wir zumeist in solchen Situationen? Wir folgen unseren gewohnten Verhaltensmustern, bemitleiden uns selbst, wie arm wir sind, dass uns diese Menschen so quälen und entwickeln alle Formen der Abwehrhaltung – vom enttäuschten Herzen bis hin zu aggressiver Gewalt. So verhalten wir uns Zeit unseres Lebens, um dann schließlich im Alter einsam, verbittert und voller Hass der bösen Welt den Rücken zu kehren.

Um die bedingungslose Liebe zu lernen sind diese „Enttäuschungen" und schwierigen Lebenssituationen die wichtigsten Meilensteine auf unserem Weg, aus denen wir am meisten über uns lernen und an denen wir am schnellsten wachsen und uns transformieren können. Dies kann uns durch einen bewussten mentalen Prozess gelingen, indem wir unseren Willen benutzen und an der Stelle, an der normalerweise die automatische Abwehrreaktion einsetzt, kurz innehalten, uns besinnen und nicht mehr wie bisher dem automatischen Verhaltensmuster folgen, sondern bewusst anders reagieren. Nämlich für die ersten paar Atemzüge gar nicht. Wir holen einige Male tief Luft, lassen die Situation auf uns wirken, lassen die negative Gedankenkaskade vorüber ziehen, ohne auf einen dieser Gedanken einzusteigen und warten ab, was dann kommt. Dann nämlich setzt der Aspekt unseres positiven Geistes ein und teilt uns die Möglichkeiten mit, wie wir an dieser Situation wachsen können, welches Potential der inneren Transformation sie für uns bereit hält. Nach angemessener Zeit (den erwähnten neun Sekunden) kann dann unser neutraler Geist mit einer adäquaten Reaktion aufwarten.

Wir können nun weiter beschließen, die Person, die uns verletzt, beleidigt, betrogen und uns damit so sehr enttäuscht hat, einfach weiter zu lieben. Denn das ist es ja, was wir lernen wollen und so kann sich die vermeintlich schreckliche und schmerzliche Situation zu einem magischen Transformationserlebnis für uns wandeln. Genau das ist die Magie des Herzens, die jeden Schmerz, jede Getrenntheit, jedes Leid überwinden, heilen und uns gleichzeitig in eine höhere Stufe des Seins und unserer spirituellen Reife erheben kann. Genau darum sagte auch Jesus: „Liebet Eure Feinde!".

Dazu benötigt es allerdings eine hohe Achtsamkeit und Aufmerksamkeit, Mut, Willensstärke und ein hohes Maß an Demut und Hingabe. Alles zusammen Werte, die wir als Qualitäten der bedingungslosen Liebe kennen gelernt haben. Nun sind uns diese Werte nicht alle in die Wiege gelegt worden, sondern wir befinden uns derzeit in einem Stadium der menschlichen Entwicklung, in dem wir sie zumeist noch richtiggehend erlernen müssen bis sie in einem solchen Maße in uns gefestigt sind, dass wir selbst in den herausforderndsten Situationen des Lebens Zugang zu ihnen finden. Daher ist eine regelmäßige spirituelle Praxis wie Beten, Meditation und Yoga unerlässlich, um auf dem Weg hin zur bedingungslosen Liebe, hin zum Erwachen aus der illusionären und mit Leid verbundenen Wahrnehmung der Wirklichkeit voran zu schreiten.

„Die Liebe überflutet das All. Von der Tiefe bis hoch zu den Sternen überflutet die Liebe das All, sie ist liebend, zugetan allem, da dem KÖNIG, dem Höchsten, sie den Friedenskuss gab."
Hildegard von Bingen

Ein Weg des Erwachens

Geist, Materie und Liebe

Der Weg des Herzens ist ein Weg des Erwachens der definiert ist als ein Weg der Mitte, ein Weg der Wahrheit. Bereits die alten Weisen aus dem fernen Orient erkannten die Goldene Mitte als die Wahrheit; besonders seit Konfuzius, welcher in seiner bis heute nachhaltig wirkenden Philosophie versuchte Entgegengesetztes in seiner gegenseitigen Bedingtheit zu sehen und so von einem höheren Blickwinkel aus zu vereinigen. Doch auch schon davor legte Hermes Trismegistus in seinen Geistigen Gesetze, speziell im Gesetz der Polarität, die Mitte als jenen Punkt fest, an dem wir Wahrheit erkennen können. So steht es im Kybalion:

„Gleich und Ungleich ist dasselbe; Gegensätze sind ihrer Natur nach identisch, nur im Grad verschieden. Extreme begegnen einander; alle Wahrheiten sind nur Halb-Wahrheiten, alle Paradoxe können in Übereinstimmung gebracht werden."

Im Weg des Herzens nehmen wir diesen Faden wieder auf und gehen noch einen bedeutenden Schritt weiter. Wir zeigen, dass der Weg der Mitte, der also schon als Weg der Wahrheit erkannt wurde, auch ein Weg des Herzens ist. Bedeutung hat dieser Schritt, weil wir mit seiner Hilfe über unser (feinstoffliches) Herz und seine Qualitäten und Fähigkeiten einen Weg zur Wahrheit, einen Weg zu Gott, denn Gott ist Wahrheit, finden können. Damit ist der Weg des Herzens ein Weg des Erwachens, der über die Mitte, über das Herz, zur Wahrheit führt.

Der Weg des Herzens baut auf den Geistigen Gesetzen auf, ergänzt sie durch das Gesetz der Neutralisation und das Gesetz der Liebe. Er ändert die Reihenfolge der vorhergehenden Gesetze in einer Position, indem er das Gesetz von Ursache und Wirkung von Platz sechs auf Platz drei vorreiht. In dieser Reihenfolge ergeben die Prinzipien den Kreislauf der Schöpfung – vom Geist in die Materie und über die allumfassende göttliche Liebe wieder zurück in den allumfassenden göttlichen Geist.

Die Gesetze eins bis drei befassen sich mit den Geistigen Grundlagen unseres Universums, den grundlegenden Prinzipien, nach denen alles Sein organisiert ist. Sie werden daher auch die Gesetze des Geistes genannt und beschreiben den Weg, wie aus der (göttlichen) Einheit die Zweiheit und damit Materie entstand. Die Gesetze vier bis sechs führen aus, nach welchen Regeln Materie organisiert ist und funktioniert. Sie dienen uns damit als Erklärung für alle Vorgänge in der Materie, wobei diese auch alle nicht sichtbaren Formen von Gedanken, Gefühlen, physikalischen Kräften und Energien umfasst. Sie werden daher als die Gesetze der Materie bezeichnet.

Schließlich erläutern uns die Gesetze sieben bis neun, wie wir durch Erreichen des Zustands der bedingungslosen Liebe wieder den Weg aus der Zweiheit, der Polarität, der Ebene der Materie hinaus finden und zurück kehren können in die göttliche Einheit. Daher die gemeinsame Bezeichnung für sie als die Gesetze der Liebe.

1. Gesetz der Geistigkeit
2. Gesetz der Entsprechung
3. Gesetz von Ursache und Wirkung
4. Gesetz der Schwingung
5. Gesetz der Polarität
6. Gesetz des Rhythmus
7. Gesetz der Geschlechtlichkeit
8. Gesetz der Neutralisation
9. Gesetz der Liebe

Der Kreislauf der Schöpfung

Eine sehr schöne Metapher aus der Yogaphilosophie mag uns hier eine Vorstellung vom Zyklus der Schöpfung, vom Weg, den das Göttliche in die Materie nahm und woher der Wunsch nach Rückkehr in die göttliche Einheit stammt, geben. Und genau diese Sehnsucht nach Wiedervereinigung, das was „religio" im ursprünglichen Sinn bzw. auch „yoga" meint, ist die Ursache für die spirituelle Suche des Menschen, die wir bis in die frühesten Anfänge der Menschheit, bis in die Höhlen des steinzeitlichen Menschen zurück verfolgen können.

„Es heißt, vor Beginn der Schöpfung war nichts als das reine, formlose und unmanifeste Sein, in dem Shiva, der für das Bewusstsein steht, und Shakti, die göttliche Energie, eins sind. In diesem Zustand entstand der Wunsch, sich in der Welt der Formen zu erfahren. Während Shiva in seinem transzendenten, ruhenden Aspekt als reines Bewusstsein unverändert bleibt, beginnt Shakti als dynamische und schöpferische Kraft sich von ihm abzuspalten. Dies ist der erste Schritt in die Dualität. Shakti wird von Nada (Klang) durchpulst, und aus diesem Klang (der durch das „OM" symbolisiert wird) entsteht der Geist, die Sprache und alle Dinge. Shakti hüllt sich in der Folge immer mehr in ihre Schleier (die Maya, die „Welt der Erscheinungen"); dadurch erfährt sie sich jedoch zunehmend getrennt von Shiva.

Nachdem Shakti Geist und Körper des Menschen und alle Dinge geschaffen hat, und ihr Schöpfungsprozess damit beendet ist, rollt sie sich wieder zusammen und ruht. Dennoch bleibt ihr Bewusstsein der Einheit mit Shiva erhalten und damit die daraus entstehende Sehnsucht, in diesen Zustand der Einheit, der Ganzheit zurückzukehren. Diese Sehnsucht äußert sich im Menschen als spirituelle Suche. Für die meisten Menschen ist jedoch der Schleier der Maya so dicht, so verhüllend geworden, dass sich die Sehnsucht in einer Suche nach Sinnesbefriedigung, Luxus, Reichtum usw. ausdrückt - man verstrickt sich immer tiefer in das Netz der Maya, der Welt der Erscheinungen.

Auf der Ebene des menschlichen Astralkörpers entspricht der Schöpfungsprozess und die Trennung Shaktis von Shiva einem Abstieg des menschlichen energetisch-spirituellen Potentials vom höchsten Chakra am Scheitelpunkt des Kopfes (Sahasrara), welches mit dem Shiva-Bewusstsein assoziiert wird, durch die einzelnen Chakras abwärts bis zu Muladhara Chakra am Beckenboden. Mit jedem Chakra, das Shakti im menschlichen Bewusstsein absteigt, gelangt sie in immer tiefere Verstrickung mit immer grobstofflicheren Kategorien des Seins. Sind auf diese Weise alle menschlichen Erfahrensebenen entfaltet, was einer vollständigen Entfremdung von der göttlichen Herkunft und Natur entspricht, ruht Shakti im untersten Chakra als potentielle Göttlichkeit, als latente spirituelle Energie.

Diese spirituelle oder Erwachens-Energie wird Kundalini genannt. Durch die verschiedenen Techniken des Hatha- und Kundalini-Yoga ist es möglich, die Kundalini-Kraft aus ihrem „Dornröschenschlaf" zu erwecken und sie durch die einzelnen Chakras aufwärts zu ihrer wahren Heimat, dem göttlichen oder Shiva-Bewusstsein zurückzuführen.

Bei diesem Aufstieg zieht Shakti all ihre Kräfte der Maya (Außenwelt, Scheinwelt) wieder zurück: Mit jedem weiteren Schritt wird der Schleier des Nichtwissens weiter gelüftet - der Mensch erkennt sein wahres Wesen immer deutlicher; seine Welt in ihrer bisherigen Form löst sich auf, der Mensch erhöht mit jeder Stufe seinen Bewusstseinszustand, erlebt sich immer mehr als eins mit der Welt und dem Göttlichen. Dieser Zustand des „Heimkommens" wird als Samadhi, das kosmische Bewusstsein, bezeichnet." [3]

Diese Metapher der Trennung von Shakti und Shiva veranschaulicht uns bildlich den Weg eines Schöpfungszyklus, der letztlich nichts anderes als ein Kreislauf der Schwingungen ist. Wie Shakti sich durch die Chakren, die feinstofflichen Energiezentren des Menschen, von der untersten Stufe der Materie, in die sie

---

[3] Aus „Vision des Yoga" von Arjuna P. Nahtschläger

hinabgestiegen ist - der Verbindung mit der Erde - wieder hinauf bewegt bis hin zur höchsten Stufe – der Verbindung mit dem Göttlichen – und sich so wieder mit Shiva vereinen kann, genau so können wir uns wieder durch Anheben unserer Schwingungsfrequenz vom tiefsten Punkt der totalen Identifikation unseres Bewusstseins mit der Materie bis hin zum Zustand der Verbindung mit dem höchsten Bewusstsein - der bedingungslosen Liebe – mit unserem göttlichen Selbst vereinen. So können wir aus dem Traum der Illusion erwachen und den Weg der Erleuchtung beschreiten.

Mit dem siebenten Gesetz, dem Prinzip der Geschlechtlichkeit, begann der Prozess der Wiedervereinigung von Shakti mit Shiva, der Vereinigung der individuellen Seele mit der göttlichen Seele. Die Trennung, welche im zweiten Gesetz, dem Prinzip der Entsprechung, ihren Ausgang genommen hat, wird nun wieder aufgehoben. Der (spiralförmige) Kreislauf beginnt sich zu schließen, um sich dann wieder erneut in die Form zu ergießen. Dieser spiralförmige Kreislauf ist die Erklärung, warum die Evolution eine Richtung in sich birgt, eine Weiter- und Höherentwicklung, ein nach vorne und nach oben.

Mit dem spiralförmigen Ansteigen nach oben ist die Möglichkeit zur Entwicklung eröffnet, ja sogar unweigerlich mit der Form verbunden. Denn jeder Schöpfungszyklus bietet einen Erfahrungsgewinn und damit eine Weiterentwicklung. Wir gelangen zwar nach jedem Zyklus in den Ursprungszustand zurück, doch sind wir nicht mehr dieselben wie am Anfang unserer Reise. Wir kehren zurück, aber verändert, um eine Erfahrung reicher und steigen damit eine Stufe höher in der Stufenleiter der Evolution.

Die Form der Spirale ist so eng mit der Evolution verbunden, dass wir sie überall finden können; in der Natur z.B. in Schnecken, Sonnenblumen, Spinnennetzen, der DNS unserer Gene bis hin zu den Planeten, Galaxien und Spiralnebeln. Sie ist ein

Symbol des Universums, der Schöpfung und findet sich auch als ein heiliges Symbol in zahlreichen alten Kulturen. Kultische Tänze wurden oft in Form einer Spirale getanzt, wobei das Hinein- und Hinausgehen als Zeichen des Todes und der „Auferstehung", der Reinkarnation, verstanden wurde; auch als ein Zeichen der Vergänglichkeit alles Irdischen, als Zeichen des Weges der Menschen, die aus dem Licht/aus Gott in die Finsternis/die Materie hinabsteigen und aus der Finsternis/der Materie durch Überwindung ihres Karmas wieder zurück ins Licht aufsteigen. Dabei ist die rechtsdrehende Spirale das Zeichen der Evolution, der Ausschüttung in die Materie, denn sie führt von innen nach außen; die linksdrehende Spirale ein Zeichen der Involution, der Rückkehr zur Einheit, denn von außen führt der Weg wieder nach innen.

Weg der Mitte - Weg des Herzens – Weg der Wahrheit

Der Weg der Mitte ist ein Weg, der zu Gott führt, weil er ein Weg der Wahrheit ist, denn die Mitte ist die Wahrheit. Sie ist der Punkt, an dem sich die beiden gegensätzlichen Pole der Wirklichkeit treffen, wo wir uns also in einem neutralen Punkt befinden, der weder der einen noch der anderen Seite recht gibt, sondern beide Extreme vereinigt und in Einklang bringt. Er ist weder schwarz, noch weiß, weder Dunkelheit, noch Licht. Er ist beides und nichts von beidem. Er ist der Punkt des Ausgleichs, der Ruhe und der Stille. Hier findet keine Bewegung mehr statt, denn Bewegung braucht Energie und im Nullpunkt ist die Energie gleich Null. Die Extreme heben sich auf, wir gelangen von der Zweiheit wieder zurück in die Einheit und damit zurück zu Gott.

Der Weg der Mitte ist auch der Weg des Herzens, denn das Wesen des Herzens ist es zu vereinen, eine Versöhnung der polaren Gegensätze zu erreichen, Frieden zu stiften, Liebe zu säen. Das Herz möchte die Zwietracht überwinden und zur Eintracht gelangen. Im Herzen heben sich alle Widersprüche auf, denn das Herz liebt bedingungslos. Lediglich der Verstand setzt

Bedingungen und Erwartungen. Dem Herzen ist das fremd, denn es kennt nur die Liebe. Wir glauben mit Hilfe unseres Verstandes alles kontrollieren zu können. Tatsache ist jedoch, dass unser Bewusstsein nur einen winzigen Bruchteil aller im Organismus verarbeiteten Informationen (Reize) erfassen kann. Das meiste erledigt der Organismus, ohne dass das Bewusstsein es merkt. Dagegen reagiert das Herz auf viele unbewusste Reize.

Der Verstand ist nichts weiter als ein Speichergerät. Was er speichert ist immer alt: Es ist nie neu, nie originell. Er ist ein biologischer Computer und für bestimmte Zwecke gut brauchbar, wie etwa zum Ansammeln, Einordnen, Speichern und späteren Abrufen von Wissen. Die Intelligenz des Herzens bringt Poesie in unser Leben, beflügelt unsere Schritte und erfüllt unser Leben mit Festlichkeit und Freude. Sie schenkt uns das Lachen, gibt uns die Fähigkeit zu lieben und mit anderen zu teilen. Das Leben kann sich nur durch das Herz entfalten, es ist der Nährboden, auf dem die Liebe wächst und alles Schöne, alles wahrhaft Wertvolle. Es ist das Zentrum unseres Wesens, unsere Mitte, unsere Wahrheit.

Wahrheit ist die Sprache des Herzens, denn das Herz kann Wahrheit und Lüge unterscheiden. Der Verstand ist dabei meist überfordert, denn er kann nur nach rationalen Gesichtspunkten unterscheiden, doch er kann keine feinstofflichen Schwingungen wahrnehmen. Das Herz aber kann Schwingungen unterscheiden und Gefühle fühlen, indem es in Resonanz zu anderen Schwingungen geht und so Wahrheit wahrnehmen und Lüge entlarven kann. Das ist die Fähigkeit des (feinstofflichen) Herzens, das in der Mitte unseres Körpers, in der Mitte der Brust unter dem Brustbein liegt. Es ist der Mittelpunkt zwischen unseren der Erde und dem „Himmel" zugewandten feinstofflichen Energiezentren und vereinigt diese. Es ist unser Tor zu Gott, dort wollen wir unser Wesen zentrieren, dort können wir Ruhe, Frieden und Wahrheit finden.

Weg des Erwachens

Ein Weg des Erwachens ist ein vorgezeichneter Pfad, der benutzt werden kann, um sich spirituell weiter zu entwickeln und vom Bewusstsein der Dualität, der Materie, der Illusion, hin zum Bewusstsein der Einheit, des höchsten, reinen Geistes, der Wahrheit, hin zu Gott zu gelangen. Es gibt viele Wege zu Gott, doch alle enden letztlich im Herzen und führen über die Liebe. Der Weg, der hier als *Weg des Herzens* vorgestellt wurde ist einer davon. Er baut auf den Geistigen Gesetzen aus dem Kybalion auf, welche ihrerseits die Grundlage für alle Weltreligionen und alle großen spirituellen Traditionen bilden. Nichts Essentielles findet sich in ihnen, was nicht auf die Geistigen Gesetze bzw. in ihrer erweiterten Form auf den *Weg des Herzens* zurückgeführt werden kann.

Der *Weg des Herzens* ist darüber hinaus ein Instrument der Versöhnung aller Religionen miteinander, der Vereinigung von Wissenschaft und Spiritualität, der Erkenntnis und Unterscheidung von Wahrheit und Illusion. Mit seiner Hilfe können wir verstehen, wie sich das göttliche Bewusstsein vom Zustand der Einheit, des reinen Geistes in die Materie „ausgegossen" hat, können begreifen welchen Gesetzen Materie gehorcht und wie wir schließlich von der Materie, dem Bewusstsein der Dualität, wieder zurück in die Einheit, in das göttliche Bewusstsein, in den Zustand des reinen Geistes gelangen können. Er ist damit ein umfassendes Werkzeug der Erkenntnis, der Entwicklung von Unterscheidungskraft und führt uns zum Erwachen.

Dabei beschreiben die Gesetze des Geistes, wie das göttliche Bewusstsein in seinem Urzustand reiner Geist ist (Prinzip der Geistigkeit), welcher, um den Schöpfungsprozess in Gang zu setzen, begann „über sich selbst nachzudenken" und in dem Nachdenkprozess ein Ebenbild seiner selbst zu schaffen (Prinzip der Entsprechung) und schließlich noch die Zeitlichkeit hinzufügte, um Bewegung und damit einen Erfahrungsgewinn zu ermöglichen

(Prinzip von Ursache und Wirkung). So führen uns die Gesetze des Geistes vom reinen Geist, vom Zustand der Einheit in die Materie, in die Polarität. Die Gesetze des Geistes bilden damit das Grundverständnis und die Basis, nach denen unser Universum organisiert ist. Mit dem Gesetz der Entsprechung und dem Gesetz von Ursache und Wirkung haben wir die fundamentalen Instrumente an der Hand, die uns begreifen lassen, was wir sonst nicht begreifen können. Mit ihrer Hilfe können wir beginnen „Gott in die Karten zu sehen", das Schicksal zu durchschauen und uns selbst zu erkennen.

Während also die Gesetze des Geistes sich mit den geistigen Grundlagen unseres Universums beschäftigen, so beschreiben die Gesetze der Materie die Regeln, nach denen alles Materielle - welches auch Gedanken, Gefühle und alle Formen von Energie und Kraft umfasst - funktioniert und geben uns damit die Meisterschaft über die Materie an die Hand. So erklärt uns das Gesetz der Schwingung wie wir durch Einstellung unserer Gedanken und Gefühle auf die entsprechende Schwingungsfrequenz all das in unser Leben ziehen können, was wir uns wünschen und all das von uns fernhalten können, was wir als nicht dienlich für uns empfinden. Es macht uns umgekehrt auch klar, auf welche Weise wir bestimmte Ereignisse und Erfahrungen in unser Leben gezogen haben.

Mit dem Gesetz der Polarität verstehen wir, dass alles im Leben immer zwei Seiten hat und lernen auf diese Weise eine integrale Sichtweise der Wirklichkeit zu entwickeln. Das Gesetz des Rhythmus verhilft uns dazu, Einsicht in die naturgegebenen Hoch- und Tiefzeiten im Leben zu erlangen und sie in einem gewissen Masse zu transzendieren, indem wir ihre Auswirkungen auf unser Bewusstsein meistern. So helfen uns die Gesetze der Materie ein tiefes Begreifen der materiellen Ebene herauszubilden und diese zu meistern, was Teil unserer Aufgabe hier auf Erden ist. Denn wir müssen erst richtig landen, um aufsteigen zu können, wir müssen ganz in der Materie ankommen, um sie transzendieren zu können. Ein Ablehnen der Materie führt nur in den Untergang, bringt uns aber kein Stückchen weiter in Richtung Gott, denn auch die Materie ist göttlich und wenn wir sie verneinen, lehnen wir das Sein Werk ab.

Schließlich gelangen wir über die Gesetze der Liebe aus der Materie wieder zurück in den göttlichen Schoss. Der Ausgangspunkt dafür ist das Gesetz der Geschlechtlichkeit, welches uns die Grundbedingung für die Entwicklung von Schöpferkraft erklärt und uns damit den Schlüssel zur Entwicklung unserer eigenen kreativen Schaffenskraft an die Hand gibt. Es bereitet mit der Idee der (geschlechtlichen) Vereinigung des weiblichen und männlichen Pols auch schon den Weg zurück von der Polarität in die Einheit vor. Das Gesetz der Neutralität führt diesen Weg konsequent weiter, indem es die beiden Pole neutralisiert und damit aufhebt. Es liefert uns darüber hinaus ein wertvolles Hilfsmittel, um unseren Geist in seinem neutralen Aspekt so weit zu stärken, dass er uns fortan als Diener zur Überwindung der dualen Sichtweise zur Verfügung steht. Damit übergibt uns dieses Gesetz ein Werkzeug, um mittels geistiger Erkenntnis unser Bewusstsein zu transformieren – und das in jeder Situation des Alltags.

Last, but not least bildet das höchste Gesetz – das Gesetz der Liebe – das letzte Glied, um den großen Schritt zurück ins göttliche Bewusstsein, zurück in die Einheit, zurück in das Licht, aus dem wir gekommen sind, zu meistern. Das Gesetz, das alle anderen transzendiert, selbst zum Gesetz wird, das größte Geheimnis unter allen Geheimnissen soll uns jetzt zu lebendiger Wirklichkeit werden, auf das wir uns und das große Experiment der Schöpfung zum glorreichen Abschluss bringen. Sat Nam.

Praxisteil

Wozu eine spirituelle Praxis?

Wenn wir unser Bewusstsein erweitern und unseren evolutionären Auftrag damit erfüllen wollen, so ist eine regelmäßige spirituelle Praxis unerlässlich. Wie wir, wenn wir mehr Körperkraft entwickeln wollen, unsere Muskeln trainieren müssen, so müssen wir unseren Geist trainieren, wenn wir unser Bewusstsein entwickeln wollen. Bücher zu lesen und sich das entsprechende Wissen anzueignen ist wichtig und gut. Doch ich kann Tausende von Büchern lesen und alles über spirituelle Entwicklung wissen, wenn ich nicht praktiziere, dann werde ich mich auch nicht weiter entwickeln. Genauso wie meine Muskeln nicht wachsen werden, wenn ich nur auf dem Sofa sitze und Bücher über Muskeltraining lese.

Unser Geist ist im Prinzip nichts anderes als ein Computer. Er läuft auf den Programmen, die man ihm eingegeben hat. Unsere Programme bestehen aus unseren Lebenserfahrungen und den Reaktionsmustern, die wir aufgrund unserer Erfahrungen entwickelt haben. So haben die im Kindesalter bzw. über viele Inkarnationen hinweg erfahrenen Traumen dazu geführt, dass wir Strategien und automatische Reaktionsmuster entwickelt haben, um uns vor künftigen unangenehmen Erfahrungen zu schützen. Kommt nun aus unserer Umwelt ein ähnlicher Stimulus auf uns zu, so erinnert sich unser Geistcomputer an die erfahrene Verletzung und reagiert automatisch, ohne dass es uns überhaupt bewusst wird, in einer Weise, die uns vor einer weiteren leidvollen Erfahrung schützen soll.

Diese automatischen Reaktionsmuster und Vermeidungsstrategien sind tief in unserem Unterbewusstsein abgelegt und dafür verantwortlich, dass wir in kritischen Situationen „blindlings" und immer auf die gleiche Weise reagieren. Wir nehmen die Situation damit gar nicht mehr so wahr, wie sie wirklich ist, sondern wie eine erinnerte ähnliche Situation einmal war. Und reagieren dann mit einem veralteten Reaktionsmuster, das für einen adäquaten Umgang mit der aktuellen Situation völlig unpassend ist. Dies führt dazu, dass wir immer und immer wieder die gleichen Erfahrungen wiederholen, weil wir immer und immer wieder in dem alten Muster reagieren, dass wir lediglich aufgrund einer Angst vor Verletzung bzw. Erfahrung von Leid entwickelt haben. Wir bleiben in unserem Bewusstsein und unserem Verhalten stecken und haben keine Möglichkeit uns weiterzuentwickeln, was jedoch unser evolutionärer Auftrag ist.

Endlich aus dem Hamsterrad der immer gleichen, ausgedienten Reaktionsmuster und schädlichen Gewohnheiten ausbrechen zu wollen, ist ein sehr praktischer Grund, um eine spirituelle Praxis auszuüben. Dazu brauche ich noch gar nicht den Wunsch nach Erleuchtung, der Verschmelzung mit dem in uns schlummernden göttlichen Bewusstsein, zu hegen.

Wichtige Faktoren der spirituellen Praxis

Ebenso wie ein Muskel umso schneller an Kraft gewinnt, je öfter ich ihn trainiere, genauso wird mein Fortschritt auf dem Weg zu einem transformierten bzw. erwachten Bewusstsein umso rascher sein, je öfter ich die dazu notwendigen Übungen durchführe. In dieser Hinsicht folgt der Geist den gleichen Gesetzen wie Materie.

Nicht nur die Häufigkeit spielt dabei eine Rolle, sondern auch die Dauer der Übung. So macht es einen Unterschied, ob ich nur drei Minuten täglich übe oder drei Stunden. Das leuchtet uns ein und es macht keinen Unterschied, ob man einen Muskel trainieren oder sonst eine Fertigkeit wie Klavierspielen, Autofahren, eine Fremdsprache, etc. erlernen oder den Geist trainieren möchte. Je länger die Dauer der Übung, desto schneller werden wir unser Ziel erreichen.

Ein weiteres zentrales Element stellt die Regelmäßigkeit der Übung dar. So ist es zielführender täglich zum Beispiel eine halbe Stunde zu praktizieren als einmal die Woche 3 Stunden. Die tägliche Wiederholung führt dazu, dass wir - und dies gilt wiederum sowohl für die Muskelzelle als auch für die Gehirnzelle - das Zellgedächtnis entsprechend konditionieren und damit einen ungleich höheren Trainingseffekt erzielen. Die regelmäßige Wiederholung im zirkadianen Rhythmus (24-Stunden-Rhythmus) hat darüber hinaus noch weitere Effekte, die unsere innere Uhr prägen und uns damit im wahrsten Sinne des Wortes neu ticken lassen.

Zusätzlich zur Häufigkeit, Dauer und Regelmäßigkeit, sind zwei weitere maßgebliche Faktoren bei unserer spirituellen Praxis zu beachten - Konzentration und Hingabe. Aus unserer Schul- bzw. Studienzeit wissen wir, dass wir in den Fächern besonders gut waren und uns rasch weiterentwickelten, die uns große Freude bereiteten, in denen wir mit voller Aufmerksamkeit, Konzentration und Begeisterung bei der Sache waren. Genauso wie beim Erlernen von Fremdsprachen, Mathematik, chemischen Regeln, etc. sind Konzentration und Hingabe auch in der spirituellen Praxis entscheidende Faktoren, wie üppig die Früchte sein werden, die wir aus unserer Bemühung ziehen. Denn Energie folgt Aufmerksamkeit - je aufmerksamer und konzentrierter ich bin, desto mehr Energie wird mir von meinem System für mein erfolgreiches Fortschreiten zur Verfügung gestellt.

„Die Übung wird fest begründet, wenn sie über lange Zeit hinweg, ohne Unterbrechung und mit aufrichtiger Hingabe durchgeführt wird."

(PYS 1,14)

Alle genannten Faktoren verlangen uns eines ab: Disziplin. Disziplin ist eine Grundforderung für alle, die auf dem Weg der spirituellen Entwicklung Fortschritte machen wollen. So ungern das manche nun hören mögen und so unmodern dies vielleicht erscheinen möge, so wahr ist es doch. Ohne Disziplin kein Erfolg. Disziplin ist die Bemühung, die Beständigkeit, die Gewissenhaftigkeit, um Fortschritte auf meinem Pfad der spirituellen Entwicklung zu bewirken. Disziplin führt uns dazu, dass wir alle Widerstände auf dem Weg, eine regelmäßige spirituelle Praxis aufzubauen, überwinden und unsere Übung damit wie Patanjali schreibt „fest begründet" wird.

Doch allein Disziplin zu üben, würde uns auch nicht an unser Ziel bringen. Wie alles in einer polaren Welt benötigt auch Disziplin ihren Gegenpol, um ganz zu sein. So benötigen wir am spirituellen Weg auch die Qualität im richtigen Moment loslassen zu können, das heißt unsere Anhaftung an ein bestimmtes Thema zu überwinden. Diese beiden Aspekte – Disziplin und Loslassen bzw. Nichtanhaften – stehen in enger Beziehung zueinander und es gilt für uns, beide in rechtem Maße zu entwickeln und sie zur rechten Zeit einzusetzen, um unseren Fortschritt auf dem Weg der spirituellen Entwicklung kraftvoll und nachhaltig zu gestalten.

Loslassen bzw. Nichtanhaften verleiht uns die Fähigkeit, uns von Gedanken, Gefühlen, Handlungen und Bewusstseinszuständen zu lösen, von denen wir erkannt haben, dass sie uns nicht weiterbringen, sondern im Gegenteil unsere Entwicklung behindern. Wir alle kennen den berühmten „belief-behaviour-gap", diese Lücke, die uns davon abhält, die Dinge, die wir bereits als wahr und wichtig erkannten haben, auch in unserem Leben umzusetzen. Diese Lücke scheint uns schier unüberwindbar zu sein, solange wir noch an unseren schädlichen Gewohnheiten anhaften, es nicht schaffen, von ihnen abzulassen. Seien es nun Gewohnheiten im Denken, Fühlen, Handeln, in unserer Lebensweise oder unseren Sichtweisen: Für alle gilt der gleiche Mechanismus. Solange wir uns nicht von ihnen lösen können, haben sie Macht über uns und werden unser Leben dirigieren. Mit all den unangenehmen Konsequenzen, die das für unser Leben und unseren spirituellen Fortschritt hat.

So ist die Fähigkeit, von diesen als nicht förderlich erkannten Gewohnheiten ablassen zu können, der unverzichtbare Gegenspieler zur Disziplin, um unser Ziel, uns spirituell weiterzuentwickeln und unser Bewusstsein zu transformieren, zu erreichen. Wir benötigen beide, genauso wie der Mann die Frau *braucht* und umgekehrt, um neues Leben zu schaffen, genauso benötigen wir Disziplin und Nichtanhaften, um in uns ein neues Bewusstsein zu erschaffen. So schreibt Patanjali in seinen Sutren:

„Disziplin und Nichtanhaften führen zur Ruhe des Geistes."

(PYS 1.12)

„Übung ist die ständige Bemühung um die Ruhe des Geistes."

(PYS 1.13)

„Nichtanhaften ist der Bewusstseinszustand, in dem das Verlangen nach sichtbaren und unsichtbaren Objekten aufgehört hat."

(PYS 1.15)

Diese beiden Pole benötigen sich nicht nur, sondern bedingen sich gar gegenseitig. Habe ich die rechte Disziplin entwickelt, so wird es mir auch gelingen, im rechten Moment meine Anhaftung zu überwinden und mich von Verhaltensweisen, die ich für mich, mein Leben und meine Umgebung als abträglich erkannt habe, zu lösen. Die entwickelte Disziplin wird mir dabei zu Hilfe kommen, um die bisher als unüberbrückbar betrachtete Lücke zu meinem erwünschten Zustand zu überwinden. Nichtanhaften seinerseits kann die Entwicklung von Disziplin unterstützen, da es uns hilft, unseren „inneren Schweinehund" zu besiegen.

Wenn wir diese beiden Qualitäten in der rechten Weise, ausdauernd und bewusst einsetzen, so gibt es nichts, was wir nicht erreichen können. Sie sind die Basis, auf der wir unsere Schöpferkraft aufbauen, der fruchtbare Boden, auf dem der Same, den wir mit unserer spirituellen Praxis säen, sich zu einer kraftvollen, wunderschönen Pflanze entwickeln kann, die nicht nur unser Leben von Grund auf verwandelt, sondern auch ein großer Segen für unsere Umgebung und die Welt ist.

Etappen in der spirituellen Entwicklung

Anfänglich müssen wir uns dazu aufraffen, die Übungen, die wir uns vorgenommen haben, immer und immer wieder durchzuführen. Dazu gilt es Willenskraft zu entwickeln, um die äußeren und inneren Widerstände zu besiegen, die uns von unserer Praxis abhalten wollen. Diese Bemühung, diese Anstrengung ist jener Schritt, den wir setzen müssen, der aber zur Folge hat, dass Gott zehn Schritte auf uns zu eilt. Göttliche Gnade ist wie der Brennstoff, der immer vorhanden ist, die eigene Anstrengung, ist wie das Entzünden dieses Brennstoffes.

Wenn wir diese erste Phase überwunden haben, so gelangen wir in eine nächste Phase, in der das Bemühen nicht mehr im Vordergrund steht, sondern wir uns regelrecht danach sehnen, unsere Praxis durchführen zu können. Dann, wenn unser Wille zum Aufbau einer Gewohnheit geführt hat, wird aus dem Schweiß, den wir eingesetzt haben, der köstliche Nektar, der unser Leben auf magische Weise von innen heraus verwandelt. Wir wachen morgens auf und stellen uns nicht einmal mehr die Frage, ob es nicht netter wäre im Bett zu bleiben und weiterzuschlafen. Genauso wenig, wie wir uns nicht fragen, ob es heute nicht besser wäre morgens nicht die Zähne zu putzen. Wir könnten es uns gar nicht mehr vorstellen, einen Tag ohne unsere spirituelle Praxis zu beginnen. Sie ist fixer Bestandteil unseres Lebens, ja Teil von uns Selbst geworden.

Unser Unterbewusstsein ist neu konditioniert. Statt uns wie bisher Steine auf den Weg unserer spirituellen Entwicklung zu legen, drängt es uns fortan dazu, unser Versprechen unserer Seele gegenüber einzulösen. Was anfangs ein tägliches Ringen zwischen dem Ruf der Seele und der Bequemlichkeit unseres niederen Selbst war, ist nun zu einem selbstverständlichen Bestandteil unseres Lebens geworden, der uns so unverzichtbar und zentral geworden ist wie das Ein- und Ausatmen, ja wie das Leben selbst. Wir sind dabei uns neu zu gebären, ein „neues" Ich in uns zu erschaffen. Ein Ich, das eigentlich immer da war, weil es unser wahres Ich, unser (Höheres) Selbst, ist, das nur verhüllt war von den Schleiern unseres (Niederen) Ichs, von den Schleiern der Illusion, des Nichterkennens.

Dieses neue Leben in uns drängt nun danach, sich ganz entfalten zu können, in seiner vollen Größe und Schönheit zu erstehen. Wie der Schmetterling, der in der Raupe schon angelegt ist, aus seinem zu eng gewordenen Kokon ausbricht und diesen einfach ablegt wie ein altes Kleidungsstück, das nicht mehr im Einklang mit dem neuen Lebensgefühl steht. Und zu gegebener Zeit wird unser wahres Ich auch aus uns hervorbrechen, wird alle Bindungen an unsere karmischen Verstrickungen überwinden und wird das in uns schlummernde göttliche Wesen in Erscheinung treten lassen.

Ein Ich, das eigentlich immer da war, weil es unser wahres Ich, unser (Höheres) Selbst, ist, das nur verhüllt war von den Schleiern unseres (Niederen) Ichs, von den Schleiern der Illusion, des Nichterkennens.

Ort, Zeit und Dauer

Wir befinden uns in der Dimension von Raum und Zeit. Diesen Umstand gilt es auch bei der Entwicklung unserer spirituellen Praxis entsprechend zu beachten. Ihre rechte Wahl spielt eine große Rolle und sollte keinesfalls unterschätzt werden.

Der Raum bzw. Ort ist einerseits der äußere Raum, den wir uns so gestalten sollten, dass er unsere Übung bestmöglich unterstützt. Jeder Gegenstand, der sich hier befindet, sollte bewusst gewählt sein, nicht einfach zufällig herumstehen, sondern aufgrund einer klaren Entscheidung, dass er mir hier dienlich ist. Farben und Formen spielen dabei genauso eine Rolle wie die Herkunft der Gegenstände, was ich mit ihnen verbinde, welches Bewusstsein sie mir widerspiegeln. All dies sind Energien, feinstoffliche Schwingungen, die gesetzmäßig ihre Wirkung haben. Sie nicht zu beachten wäre töricht, denn ihr Einfluss ist groß.

Doch noch wichtiger als der äußere Raum ist der innere. Wie sieht es in meinem Inneren aus, wenn ich mich zu meiner spirituellen Praxis begebe? Habe ich hier auch so gut aufgeräumt und ausgemistet? Wie schwingen meine Gedanken und Gefühle, die ich mitbringe? Komme ich mit Freude und Hingabe oder Gleichgültigkeit, Zweifel oder gar Widerwillen? Bin ich mit meinen Gedanken konzentriert und bei der Sache oder ganz woanders? Meinen inneren Raum nehme ich überall hin mit, er hilft mir ganz unabhängig von der Umgebung an widrigsten Plätzen, auf Reisen in kleinen Hotelräumen zwischen allerlei Möbel eingepresst, im Esszimmer bei Freunden, ja selbst auf Flughäfen unbehelligt meine Praxis verrichten zu können. Wir sind eingehüllt in unseren Mikrokosmos, egal wie es um uns herum aussieht.

Die beste Zeit für die spirituelle Praxis ist die Zeit zweieinhalb Stunden vor Sonnenaufgang, weil der Winkel, den die Sonne in dieser Zeit zur Erde einnimmt, besonders unterstützend für spirituelle Tätigkeit ist. In dieser Zeit steht mehr Prana (Lebensenergie) zur Verfügung, die Welt schläft noch, das Getöse des Alltags hat noch nicht eingesetzt. Sich zu dieser Zeit aus dem Bett zu begeben belohnt mit besonders hoher Qualität der Praxis, denn auch der Körper unterstützt physische Reinigung nun besser als tagsüber oder abends. Für die meisten Menschen ist dies eine der größten Hürden. Doch wenn wir uns erst daran gewöhnt haben, wird auch dies bald zu einer Selbstverständlichkeit, denn die Früchte, die wir ernten, lohnen die Unannehmlichkeit.

Wir können unseren Körper auch dafür vorbereiten, indem wir gleich nach dem Aufstehen eine kalte Dusche nehmen. Dies hat nicht nur den Effekt, dass wir sofort munter sind, sondern unterstützt zudem den Reinigungsprozess, indem Giftstoffe aus unserem Blut ausgestoßen werden und durch gezielte Atemtechniken über die Lungen ausgeschieden werden können.

Die Dauer, die wir für unsere spirituelle Übung zur Verfügung stellen, hängt einerseits von den Lebensumständen, aber vor allem von unseren Zielen und unserer Ernsthaftigkeit ab. Die Wissenschaft des Yoga hat herausgefunden, dass für bestimmte erwünschte Effekte in der Meditation folgende Übungszeiträume nötig sind:

- 3 Minuten: Beeinflussung unsere Blutzirkulation und das uns umgebende elektromagnetische Feld
- 11 Minuten: Änderungen im Drüsen- und Nervensystem
- 22 Minuten: Ausgleich und Koordination der drei funktionellen Bereiche des Geistes – positiver, negativer und neutraler
- 31 Minuten: Auswirkung auf alle Zellen und Rhythmen des Körpers sowie alle Schichten der Projektion des Geistes
- 62 Minuten: Ändert die graue Substanz des Gehirns; integriert das Unterbewusstsein und die äußere Projektion des Geistes
- 2 ½ Stunden: Festigt das neue Denk- bzw. Verhaltensmuster im Unterbewusstsein, gehalten vom umgebenden universellen Geist

Unabhängig davon, welche Dauer wir für uns als zurzeit passend gewählt haben, zentral ist, dass wir unsere Übung ausnahmslos täglich, ohne Unterbrechung durchführen. Denn nur so kann das Unterbewusstsein eine neue Gewohnheit aufbauen.

Auch der Zeitraum der täglichen Wiederholung spielt eine große Rolle hinsichtlich der Wirkung. Durch Wiederholung einer Praxis, insbesondere einer Meditation, täglich 40 Tage lang, kann eine alte Gewohnheit gebrochen, nach 90 Tagen eine neue integriert werden. Nach 120 Tagen ist die neue Gewohnheit so gefestigt, dass wir nicht mehr zurück in das alte Muster fallen können. Nach 1000 Tagen ist die neue Gewohnheit gemeistert.

Meditationen zum Weg des Herzens

Die beschriebenen Meditationen stammen alle aus dem Kundalini Yoga nach Yogi Bhajan und führen bei täglicher Durchführung über jeweils 40, 90 bzw. 120 Tage und unter exakter Einhaltung der Anleitung mit wissenschaftlicher Präzision zu dem angegebenen Ergebnis. Bei Unsicherheit über die genaue Ausführung, rate ich dazu einen Kundalini Yogalehrer aufzusuchen bzw. mich zu kontaktieren.

1. Gesetz der Geistigkeit

"Das All ist Geist; das Universum ist geistig."
Das Kybalion

Die Berührung des Meisters

(Aus KRI INTERNAT. TEACHER TRAINING MANUAL LEVEL I, © YOGI BHAJAN, Ph.D. 2003)

Beschreibung:

 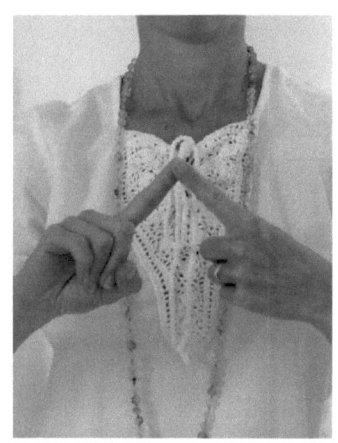

Sitze mit leicht angezogener Nackenschleuse (Brustkorb nach vorne oben gezogen, Kinn leicht zur Brust geneigt, sodass die Halswirbelsäule gerade ist) in einfacher Meditationshaltung. Sitze mit Anmut und innerer Größe, wie eine Heilige. In den Schriften steht, dass diese Meditation 2 ½ Stunden praktiziert werden soll.

Yogi Bhajan sagte über diese Meditation:

„Ihr müsst dafür eure Ohren einstellen, nicht das äußere Ohr wird euch dabei helfen, sondern das innere Ohr. Es hat auf jeder Seite 2 Knöchelchen und den Hammer. Wenn Hammer und Knöchelchen gut zusammen arbeiten, dann kann euer Gehirn im selben Moment analysieren und verstehen in dem ihr hört. Dieses Mudra erlaubt der unendlichen Energie durchzudringen. Indem ihr dieses Mantra chantet, stimuliert ihr den oberen Gaumen mit der Zungenspitze und stellt Thalamus und Hypothalamus ein. Der Blick auf die Nasenspitze bewirkt, dass der Frontallappen, der eure Persönlichkeit steuert, schwer wie Blei wird. Irgendwann kann der Schmerz so unerträglich werden, dass ihr glaubt ihn nicht aushalten zu können. Dann geschieht der Durchbruch, und ihr habt gefunden, wonach ihr gesucht habt. Und das ist für immer. Niemand kann es euch wegnehmen. Um Wurzeln treiben zu können, müsst ihr euch selbst öffnen."

„Wenn das Zeitalter des Wassermanns kommt und die Menschen dich aufsuchen, dann wirst du gerade genug Zeit haben, um sie zu berühren und zu sagen: „Sei gesegnet!" Mehr Zeit wirst du nicht haben, um ihren gesamten Geist und ihr Wesen ins Gleichgewicht zu bringen. Diese Berührung wird einen Zustand von AAD SATSCH DSCHUGAAD SATSCH HÄBHIE SATSCH NANAK HOSSIE BHIE SATSCH erschaffen. Dieses Mantra wird dir die Kraft geben, die die Berührung des Meisters hat.

Führe dieses Mudra mit den sich berührenden Zeigefingern fehlerfrei aus und chante das Mantra in einer Sitzung von 2 ½ Stunden, also 1/10 des Tages, und es wird dir diese Berührung geben. Es gibt keine Macht und keine Magie auf diesem Planeten, die das verhindern kann. Diese Meditation hat eine Klangfolge, Kombination, Projektion und Macht, die die gesamte Existenz in der Göttlichkeit zur Entfaltung bringt. Alles wird dir danken. Du wirst Würde, Respekt, Liebe und Genugtuung darin finden, der Schöpfung Gottes zu dienen. Dann wirst du Gott in allem sehen, in dir selbst und in jeder Facette des Lebens. Es wird wahr werden: Wenn du Gott nicht in allem siehst, so siehst du ihn überhaupt nicht. Du aber wirst Gott sehen."

Dauer: 11 Minuten – 2 ½ Stunden

Körperstellung: einfacher Meditationssitz

Mudra (Handstellung): Maha Gyan Mudra. Lege die Spitze des rechten Zeigefingers auf die des linken Zeigefingers, die rechte Handfläche weist vom Körper weg und die linke zum Körper hin. Die ausgestreckten Zeigefinger bilden einen Winkel von 45° und weisen nach oben. Die übrigen Finger werden in die Handfläche gerollt, die Daumen liegen auf ihnen. Halte dieses Mudra auf Höhe des Herzzentrums, die Schultern sind entspannt.

Mantra: AAD SATSCH DSCHUGAAD SATSCH HÄBHIE SATSCH NANAK HOSSIE BHIE SATSCH

(ÜBERS.: Es ist wahr am Beginn der Zeitalter, wahr durch alle Zeiten, wahr hier und jetzt, Guru Nanak sagt es wird immer wahr sein.)

Konzentration der Augen: Die Augen sind leicht geöffnet und auf die Nasenspitze gerichtet.

Abschluss: Einatmen, Atem anhalten, Ausatmen. Entspanne Mudra und Atem. Schließe die Augen und ruhe 2 Minuten.

2. Gesetz der Entsprechung

"Wie oben, so unten; wie unten, so oben."
Das Kybalion

Erde zu Himmel: Hast Kriya

(YOGI BHAJAN Ph.D., 31. JÄNNER 1996)

Beschreibung:

- Berühre bei *SAT* mit deinen Jupiter- (Zeige)fingern auf beiden Seiten des Körpers den Boden
- Führe bei *NAM* deine beiden Jupiterfinger über deinen Kopf zusammen bis sie sich berühren
- Berühre bei *WAHE* mit deinen Jupiterfingern auf beiden Seiten des Körpers den Boden
- Führe bei *GURU* deine beiden Jupiterfinger über deinen Kopf zusammen bis sie sich berühren

Chante das angegebene Mantra SAT NAM WAHE GURU mit der Musik von Jagjit Singh.

Dieses Kriya erneuert das Nervensystem und wird, wenn du es täglich 22 Minuten ausführst, deine Persönlichkeit vollkommen verändern. Macht wird von oben herabsteigen und dich durch und durch reinigen. Diese Übung ist so mächtig, dass sie die Hand Gottes und die Hand des Todes halten kann. WAHE GURU ist eine Jupiter-Mantra. Anmutigste Macht und Wissen kommen von Jupiter. Jupiter steuert die Medulla oblongata, das neurologische Zentrum des Gehirns und die drei Ringe des Hirnstamms.

Dauer: 22 Minuten

Körperstellung: einfacher Meditationssitz

Mudra: Strecke deine Zeige- (Jupiter)finger an beiden Händen aus. Rolle die anderen Finger ein und verschließe sie mit dem Daumen.

Mantra: SAT NAM WAHE GURU # 2 von Jagjit Singh.

(ÜBERS.: Wahrheit ist mein Wesen, Glückseligkeit)

Konzentration der Augen: Augen geöffnet

Abschluss: Atme ein, halte den Atem an, atme aus und wiederhole diesen Vorgang noch zweimal.

3. Gesetz von Ursache und Wirkung

"Jede Ursache hat ihre Wirkung; jede Wirkung hat ihre Ursache; alles geschieht gesetzmäßig; Zufall ist nur ein Name für ein unbekanntes Gesetz; es gibt viele Pläne von Ursachen, aber nichts entgeht dem Gesetz."
Das Kybalion

<u>Durchschneide Ursache und Wirkung von Karma</u>

(YOGI BHAJAN Ph.D., 12. FEBRUAR 2001)

Beschreibung:

  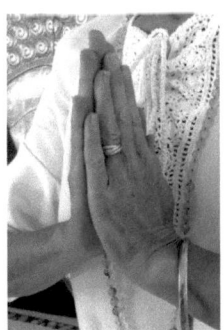

Bringe die Hände in Gebetshaltung vor deine Brust. Chante das angegebene Mantra mit der Instrumentalfassung des Bandes „Duni". Gleite mit deinen Händen im Rhythmus des Mantras über die Wölbungen der Innenhände auf und ab. Sei konstant und beständig in der Bewegung.

Diese Meditation durchschneidet die negativen Effekte von Ursache und Wirkung deines Karmas, indem sie dich ins Gleichgewicht bringt. In der Mitte der Meditation könnte es sein, dass du panisch wirst oder ausflippst, weil das Reiben deiner Hände das Monster in dir zum Vorschein bringt. Wenn dies geschieht, ist es wichtig, dass du mit der Konzentration ganz bei der Meditation bleibst.

„Meditation bedeutet nicht zu sitzen und die Augen zu schließen. Meditation ist, das zu erkennen und zu erreichen, was jenseits deines begrenzten Selbst ist. Dies gibt dir die Erfahrung eines Moments von Schönheit und Segen, in dem alles was du empfindest Freude ist. Wenn du deinen Geist darauf richtest, dann IST das. Deine Reaktivität verflüchtigt sich und dein Leben wird zutiefst glücklich. Alles geht weiter wie gewohnt, aber du verfügst über Zufriedenheit, Freude und Exzellenz. Das ist Dharma."

Yogi Bhajan

Dauer: 11 Minuten

Körperstellung: einfacher Meditationssitz

Mudra: Gebetshaltung

Mantra: SAT NAM SAT NAM SAT NAM JI WAHE GURU WAHE GURU WAHE GURU JI

(ÜBERS.: Wahrheit ist mein Wesen, meine geliebte Seele, Glückseligkeit)

Konzentration der Augen: keine Spezifikation, Augen sind geschlossen

Abschluss: Atme tief ein, halten den Atem an, presse die Hände so fest du kannst aneinander und strecke die Wirbelsäule nach oben. Atme aus und wiederhole diesen Vorgang noch zweimal. Beim letzten Einatmen bewege die Energie von der Basis der Wirbelsäule bis hinauf zu deinem Kronenchakra (Scheitelpunkt) und von dort wieder hinunter zur Basis der Wirbelsäule. Entspanne.

4. Gesetz der Schwingung

"Nichts ruht; alles bewegt sich; alles schwingt."
Das Kybalion

Hari Shabad Meditation

(YOGI BHAJAN Ph.D., 14. JUNI 1978)

Beschreibung:

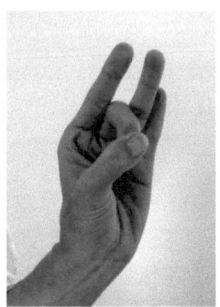

Sitze mit leicht angezogener Nackenschleuse (Brustkorb nach vorne oben gezogen, Kinn leicht zur Brust geneigt, sodass die Halswirbelsäule gerade ist) in einfacher Meditationshaltung.

Entspanne die Oberarme seitlich deines Körpers nach unten, beuge die Ellbogen und hebe deine Unterarme nach oben, sodass sie etwa einen 30° Winkel zum Körper einschließen. Weise mit den Handflächen nach vorne und berühre mit den Spitzen deiner Saturn- (Mittel)finger die Spitze der jeweiligen Daumen. Weise mit den anderen Fingern vollkommen gerade nach oben. Halte die Wirbelsäule gerade. Chante das angegebene Mantra mit einer monotonen Stimme mit jeweils einem Ausatemzug. Chante schnell, aber genau, halte den Rhythmus beständig und die Laute deutlich.

Dies ist eine Stellung, bei der das Serum in der Wirbelsäule dazu veranlasst wird nach oben zu steigen. Du erhöhst deine Schwingung bis zur Stufe 31 deines schwingenden Selbst. Wenn du die Meditation täglich 62 Minuten praktizierst, wirst du die Glocken klingen hören.

Diese Meditation soll nicht in direktem Sonnenlicht durchgeführt werden, sondern im Schatten oder nach Sonnenuntergang.

Dauer: 11 – 62 Minuten (Chante das 1. Mantra für 31 min, die anderen beiden Mantren für eine gewisse Zeit lang.)

Körperstellung: einfacher Meditationssitz

Mudra: Shuni Mudra: Saturn- (Mittel)finger und Daumen berühren sich an den Fingerspitzen

Mantren:

1. Mantra: SAT NAM HARI NAM HARI NAM HARI HARI NAM SAT NAM SAT NAM HARI

(BED.: *Hari Nam bedeutet der Name Gottes. Sat bedeutet Wahrheit ist Sein Name/Seine Identität. "Die 1. Zeile des Mantras schliesst die machtvolle kreative Energie (Hari Nam) mit deiner persönlichen Identität und deinem Schicksal zusammen. Die 2. Zeile bringt deine Intuition und deine Absicht auf eine Linie, sodass die unsichtbare geistige Führung deine Erfüllung unterstützt." Gurucharan Singh Khalsa*)

2. Mantra: SA-A-A-A-A-AT NAM (ÜBERS.: *Wahrheit ist mein/Sein Wesen*)

3. Mantra: GURU GURU WAHE GURU, GURU RAM DAS GURU

(ÜBERS.: *Weise, weise ist derjenige, der der Unendlichkeit dient. BED.: Gu=Dunkel, Ru=Licht und bedeutet Lehrer bzw. Weisheit. Wahe = Ausruf der Ekstase. Guru Ram Das = 4. Guru der Sikhs, er steht für Mitgefühl, Gnade und Dienen*)

Chante das 3. Mantra 3mal pro Atemzug mit monotoner kraftvoller Stimme

Atemführung: Atme tief ein und vollkommen aus, während du das Mantra chantest

Konzentration der Augen: Die Augen sind 1/10 geöffnet.

Abschluss: Atme ein, halte den Atem an, atme aus und wiederhole diese Vorgang noch zweimal.

5. Gesetz der Polarität

"*Alles ist zweifach; alles hat zwei Pole; alles hat seine zwei Gegensätze; Gleich und Ungleich ist dasselbe; Gegensätze sind ihrer Natur nach identisch, nur im Grad verschieden; Extreme begegnen einander; alle Wahrheiten sind nur Halb-Wahrheiten, alle Paradoxe können in Übereinstimmung gebracht werden.*"
Das Kybalion

<u>Vereinigung von Sonne und Mond</u>

(YOGI BHAJAN Ph.D., 22. APRIL 1977)

Beschreibung:

Atme ein und hebe die linke Hand und Schulter nach oben in Richtung des Ohres, halte die Hand nach hinten gebogen und parallel zum Boden. Während du einatmest, wirst du spüren, dass das linke Nasenloch aktiver ist als das rechte. Atme durch das linke Nasenloch aus, senke die Hand und kehre in die Ausgangsposition zurück.

Wiederhole nun die gleiche Bewegung auf der anderen Seite. Atme ein und hebe die rechte Hand und Schulter nach oben in Richtung des Ohres, halte die Hand nach hinten gebogen und parallel zum Boden. Während du einatmest, wirst du spüren, dass nun das rechte Nasenloch aktiver ist als das linke. Atme durch das rechte Nasenloch aus, senke die Hand und kehre in die

Ausgangsposition zurück.

Fahre mit dieser wechselseitigen Bewegung und Atmung durch alternative Nasenlöcher mit einem stetigen, gleichmäßigen Atem fort. Nicht zu schnell und nicht zu langsam. Die Bewegung dient dazu, die Nasenlöcher auf den jeweiligen Seiten der Armbewegung zu öffnen, sodass sich auch der Atem alternativ von Seite zu Seite bewegt.

Dauer: 11 Minuten

Körperstellung: einfacher Meditationssitz

Mudra: Bringe die Ellbogen an die Seiten des Körpers, beuge die Ellbogen und weise mit den Handflächen nach oben. Die Finger liegen aneinander, die Handgelenke sind zurückgebogen und die Fingerkuppen weisen nach außen, parallel zu den Schultern. Achte während der gesamten Übung darauf die Handhaltung aufrecht zu erhalten.

Mantra: kein Mantra

Atemübung: wechselseitige Nasenlochatmung – siehe oben.

Konzentration der Augen: Auf die Nasenspitze.

Abschluss: Atme ein und strecke die Arme nach oben, Blick durch das Kronenchakra (Scheitelpunkt). Atme aus und entspanne.

6. Das Gesetz des Rhythmus

"Alles fließt, aus und ein; alles hat seine Gezeiten; alles hebt sich und fällt; der Schwung des Pendels äußert sich in allem; der Ausschlag des Pendels nach rechts ist das Maß für den Ausschlag nach links; Rhythmus gleicht aus."

Das Kybalion

Breathwalk mit Sa Ta Na Ma

(Aus BREATHWALK: BREATHING YOUR WAY TO A REVITALIZED BODY, MIND AND SPIRIT, GURUCHARAN SINGH KHALSA and YOGI BHAJAN, JUNI 2000, © YOGI BHAJAN Ph.D.)

Beschreibung:

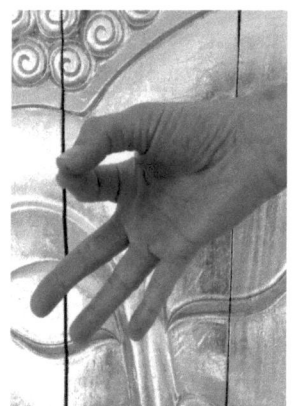

Stehe aufrecht, zentriere dich in deinem Atem und nimm als Einstimmung einige tiefe Atemzüge. Gehe dann langsam los und finde in ein gleichmäßiges, dir angenehmes Gehtempo. Beobachte deinen Körper, spüre in jedes Körperteil und nimm wahr, wo es sich gut und flüssig anfühlt und wo Spannungen oder Schmerzen auftreten.

Nutze diese Phase, um deinen Gehstil falls nötig zu korrigieren. Koordiniere nun deinen Atem mit den Schritten. Atme dazu in vier gleichen Teilen durch die Nase ein und in vier gleichen Teilen durch die Nase aus.

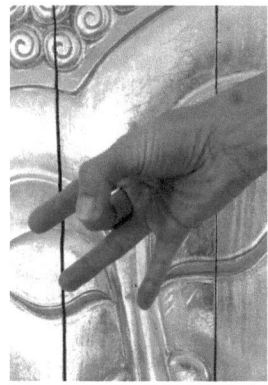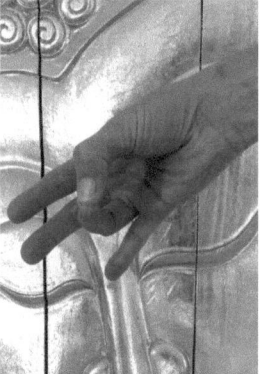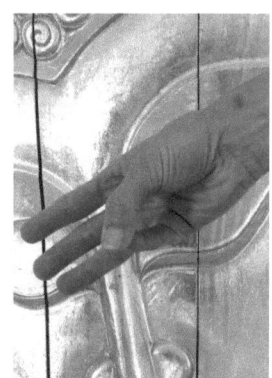

Füge zu diesem Geh- und Atemrhythmus das Mantra SA TA NA MA hinzu. Vibriere geistig mit jedem Atemsegment und jedem Schritt eine Silbe. Fahre damit für drei Minuten fort. Gehe dann weiter und atme normal für fünf Minuten. Dann beginne wieder mit dem obigen Rhythmus, diesmal für fünf Minuten, gefolgt von drei Minuten normalem Atem. Beginne danach wieder mit dem obigen Rhythmus, diesmal für 10 Minuten, gefolgt von einer Minute normalem Atem.

Werde nach und nach langsamer und erlaube deinen Sinnen sich während der Übung immer weiter auszudehnen. Schließe mit Dehnungsübungen ab.

Abschließend sitze einen Moment still und stelle dir deine Haut mit ihrer sensiblen Oberfläche vor. Während du atmest, fühle wie die Oberfläche deiner Haut mitatmet. Stell dir vor wie sich diese Schicht von deinem Körper löst. Wenn du einatmest, spüre, wie sich diese Schicht von deinem Körper weg ausdehnt. Beim Ausatmen spüre wie sie sich entspannt und zusammenzieht. Während du ausdehnst fühle alles, lass alles herein, jeden Gedanken, jeden Klang, Geschmack, Geruch, jedes Gefühl und werde ganz still.

Während du weiter atmest, dehne die sensitive Schicht weiter aus, erst um wenige Meter, dann Kilometer, Lichtjahre bis ins Unendliche. Werde mit jedem Atemzug ruhiger und zentriere dich. Jedes Einatmen macht dich wacher und jedes Ausatmen entspannt dich weiter. Verweile im Herzen.

Dauer: beliebig

Körperstellung: aufrecht im Gehen

Mudra: Berühre mit jeder Silbe des Mantras jeweils mit dem Daumen einen Finger nach dem anderen

Mantra: SA TA NA MA

Atemübung: Synchron mit dem Gehrhythmus – siehe oben.

Konzentration der Augen: Wenn du nach innen gehen, dich zentrieren und Dinge loslassen willst, konzentriere dich auf den Punkt zwischen den Augenbrauen (3. Auge). Wenn du dich entspannen und sanft energetisieren willst, richte deine Aufmerksamkeit auf die Nasenspitze.

Abschluss: Atme ein, halte deinen Atem und dehne die Schicht so weit du kannst. Nach 10-15 Sekunden atme schnell durch den o-förmigen Mund aus und lass mit dem Atem die Schicht in die Unendlichkeit explodieren. Sei still, fühle alles, segne alles und lass los. Atme ein, strecke deine Arme über den Kopf und entspanne.

7. Gesetz der Geschlechtlichkeit

"Geschlecht ist in allem; alles hat sein männliches und sein weibliches Prinzip in sich; Geschlecht offenbart sich auf allen Ebenen."
Das Kybalion

<u>Adi Shakti Meditation</u>

(Aus *I AM A WOMAN YOGA MANUAL*, © YOGI BHAJAN PH.D.)

Beschreibung:

Teil I: Die Augen sind geschlossen und die Hände in Gyan Mudra. Meditiere über die unendliche Energie, die vom ursprünglichen Mutterschoß stammt und in einer endlosen Spirale ohne Anfang und ohne Ende in die Unendlichkeit geht.

Teil II: Die Augen sind geschlossen, die Hände formen eine Schüssel vor dem Gesicht, die Handflächen weisen aufeinander zu und sind 10-15 cm voneinander entfernt. Strahle dein geistiges Licht durch sie hindurch zum unendlichen Licht. Sieh mit geistigen Augen durch die Hände und sieh einen Lichtstrahl zur Unendlichkeit strahlen. Meditiere mit langem tiefen Atem.

Teil III: Chante das Mantra SAA TAA NAA MAA. Tauche noch tiefer in die Meditation ein. Führe deinen Verstand, so dass er wie ein riesiger Lichtstrahl einer Fackel durch den mächtigen imaginativen Kreis, den du mit deinen Händen geschaffen hast, hindurch geht. Halte die Hände fixiert.

Teil IV: Behalte deine Position und Konzentration. Lege deinen Geist in das unendliche Licht seiner eigenen Ekstase und singe das ADI SHAKTI Mantra (siehe unten).

"Wenn du in Schwierigkeiten bist, brauchst du ein bisschen Zeit. Anstatt Hilfe von Freunden und Gebeten zu erwarten, rufe Maha Shakti an und sieh was passiert. Als Indien und die indischen Frauen dieses Mantra kannten, floss Milch und Honig in diesem Land. Wenn eine Frau dieses Mantra kennt, ist sie eine lebende Göttin. Ohne Maha Shakti kann Gott nichts manifestieren. Dies ist das Mantra."

Yogi Bhajan, 4./5. Juli 2000, Woman's Camp, New Mexico

Dauer: 11, 31 oder 62 Minuten. Alle 4 Teile sollen jedoch gleich lang praktiziert werden.

Körperstellung: einfacher Meditationssitz

Mudra: Teil I: Gyan Mudra (Zeigefinger und Daumen berühren sich, die restlichen Finger sind ausgestreckt)

Teil II: Handflächen in Schüsselform

Mantra: Teil III: SAA TAA NAA MAA

Teil IV: ADI SHAKTI, ADI SHAKTI, ADI SHAKTI, NAMO NAMO (ÜBERS.: Ich verbeuge mich vor der ursprünglichen Kraft)

SARAB SHAKTI, SARAB SHAKTI, SARAB SHAKTI, NAMO NAMO *(ÜBERS.: Ich verbeuge mich vor der alles umfassenden Kraft und Energie)*

PRITHUM BHAGVATI, PRITHUM BHAGVATI, PRITHUM BHAGVATI, NAMO NAMO *(ÜBERS.: Ich verbeuge mich vor der Schöpfung Gottes)*

KUNDALINI MATA SHAKTI, (kurze Pause), MATA SHAKTI, NAMO NAMO *(ÜBERS.: Ich verbeuge mich vor der kreativen Kraft der Kundalini, der Kraft der Göttlichen Mutter)*

Konzentration der Augen: Auf die Nasenspitze, Augen sind geöffnet

Abschluss: Atme ein, halte den Atem an, atme aus und wiederhole diesen Vorgang noch zweimal.

8. Gesetz der Neutralisation

„*Die Verbindung der beiden polaren Gegensätze im Nullpunkt führt zur Überwindung der Getrenntheit und bereitet den Weg zurück in die Einheit."*
Weg des Herzens

Meditation für den Neutralen Geist

(Aus THE MIND – IT`S MULTIPLE FACETS AND PROJECTIONS, © YOGI BHAJAN PH.D.)

Beschreibung:

Löse alle Spannung in deinem Körper. Sitze aufrecht indem du deinen Körper in Gleichgewicht bringst. Schließe die Augen. Stelle dich selbst friedlich und in voller Strahlkraft sitzend vor. Dann lass deine gesamte Energie sich wie ein Fluss im 3. Auge (Punkt zwischen den Augenbrauen) sammeln.

Konzentriere dich ohne Mühe an diesem Punkt und vibriere geistig das Mantra WA-HE GU-RU in einer einfachen monotonen Weise, als ob du die einzelnen Silben zerhacken würdest. Projiziere das Mantra aus deinem 3. Auge nach außen, jede Silbe deutlich unterschieden. Verbinde dich mit deinem Höheren Selbst und fahre in der Meditation mit Beständigkeit durch alle Hürden hindurch fort.

Es ist leicht eine Wahrheit zu hören und schwierig, sie zu leben, sie tief in unser Herz und unseren Verstand zu integrieren. Der Neutrale Geist öffnet das Tor zu dieser tiefen Erinnerung an unser Selbst und unsere Seele. Jappa (die Wiederholung eines Mantras) mit dem verfeinerten Neutralen Geist durchgeführt, führt zu Naam Chit Aveh, der Wahrnehmung der Identität unseres Geistes. Der Neutrale Geist erlaubt uns in Berührung mit der unermesslichen Weite in uns zu gelangen. Dies gestattet allen anderen Gedanken zu sein, ohne dass unser ständiges inneres Licht davon gestört würde.

Dauer: 17 - 31 Minuten

Körperstellung: einfacher Meditationssitz, Rücken gerade.

Mudra: Lege beide Hände in den Schoß mit den Handflächen nach oben. Die rechte Hand liegt über der linken Hand. Die Daumenspitzen berühren sich.

Mantra: WAHE GURU *(BED.: WAHE GURU bezieht sich auf Gott, das höchste Wesen oder den Schöpfer und bedeutet "Wunderbarer Lehrer". Es ist ein Ausruf der Glückseligkeit)*

Atemübung: Lass den Atem sich selbst in einem meditativen, langsamen Flow, fast aussetzend, regulieren.

Konzentration der Augen: 3. Auge (Punkt zwischen den Augenbrauen), die Augen sind geschlossen.

Abschluss: Atme ein, halte den Atem an, atme aus und wiederhole diesen Vorgang noch zweimal.

9. Gesetz der Liebe

„*Den Schlussstein der Pyramide bildet die reine göttliche Liebe in Form des Christos. Alles Wollen und alle Sehnsüchte sind überwunden, das Wesen ruht im reinen Gewahrsein: Sat-Cit-Ananda.*"
Weg des Herzens

<u>Meditation für Projektion und Schutz vom Herzen her</u>
(Aus KRI INTERNAT. TEACHER TRAINING MANUAL LEVEL I, © YOGI BHAJAN, Ph.D., 2003)

Beschreibung:

Chante das Mangala Charn Mantra und synchronisiere es mit der angegebenen Armführung. Während du chantest projiziere mit deinem Geist. Die vollständige Streckung der Arme geht mit der Musik einher.

AAD GURE NAMEH *(ÜBERS.: Ich verneige mich vor dem unendlichen, zeitlosen Lehrer/Weisheit.)*
Strecke dabei die Arme im Winkel von 45° schräg nach oben

TSCHUGAAD GURE NAMEH *(ÜBERS.: Ich verneige mich vor dem Lehrer/der Weisheit in allen Zeiten.)*
Führe die Arme zurück vor das Herzzentrum.

SAT GURE NAMEH *(ÜBERS.: Ich verneige mich vor dem inneren Lehrer/Weisheit, der/die uns die Wahrheit enthüllt.)*
Strecke die Arme wieder im Winkel von 45° schräg nach oben.

SIRI GURU DEV-E NAMEH *(ÜBERS.: Ich verneige mich vor dem Guru, göttlichen Lehrer, der uns aus dem Dunkel zum Licht führt.)*
Führe die Arme wieder zurück vor das Herzzentrum

Dauer: 11 – 31 Minuten

Körperstellung: einfacher Meditationssitz

Mudra: Hände in Gebetshaltung vor dem Herzzentrum, die Daumen sind überkreuzt

Mantra: Mangala Charn Mantra (siehe oben)

Abschluss: Atme ein, halte den Atem an, atme aus und wiederhole diesen Vorgang noch zweimal.

SAT NAM!

Weiterführende Informationen

Weiterführende Informationen und Wege zur Integration dieses Wissens in den Alltag werden auf Seminaren bzw. in Einzelsitzungen vermittelt.

Kontakt zur Autorin

Gundula Puran Sukh Schatz lebt in Italien und in der Schweiz. Sie veranstaltet regelmäßig Seminare zum *Weg des Herzens* und bildet auch vereinzelt Personen aus den *Weg des Herzens* zu unterrichten.

Termine für öffentliche Seminare sowie aktuelle Informationen zum *Weg des Herzens* finden Sie auf ihrer Website unter **puransukh.com**.

Gundula Puran Sukh bietet auf Anfrage auch die Möglichkeit, bei ihr Einzelcoachings über skype oder Telefon zu buchen. Bei Interesse senden Sie bitte eine Email an **office@puransukh.com**.

Literaturverzeichnis

Das Kybalion: Die 7 Hermetischen Gesetze, Die Drei Eingeweihten, Ospen Verlag

Kybalion: Eine Studie über die hermetische Philosophie des alten Ägyptens und Griechenlands, von Hermann E Helmrich und Hans E Schwerin, 1997

Die Smaragdtafeln von Thoth dem Atlanter, Urs Thoenen und Doreal, Januar 2002

Der Weg zum wahren Adepten, Franz Bardon, 2010

Wie oben, so unten – Die 7 Gesetze des Lebens, Doreen Virtue

Der magische Schlüssel des Kybalion: Die sieben Gesetze des Lebens, Laura und Anderw Sherman und Friederike Berner, September 2009

Das Prinzip: Geheimnis zur Erschaffung der gewünschten Realität, Andreas Campobasso, Juli 2009

Himmlische Liebe, Gundula Schatz, Trinity Verlag, 2010

Die Liebe – Quelle des Glücks, Seine Heiligkeit, der Dalai Lama, Herder Verlag

Singer, W. (2007), Die Suche nach den Ursprüngen von Weisheit und Wissen - von der "Mind and Life"-Konferenz 2005. Chökor, Tibethaus-Journal, Ausgabe Nr. 44 (Hrsg. Tibethaus Deutschland e.V.), S. 21-27.

I Ging – Das Buch der Wandlungen, Richard Wilhelm, Heinrich Hugendubel Verlag, 1956

Die Blume des Lebens, Band 1 und Band 2, Drunvalo Melchisedek, KOHA-Verlag, 2008

Pura Maryam Sophyah, www.puramaryam.de, Arbeit Mit Licht und Liebe

Die Vision des Integralen Yoga, Arjuna P. Nahtschläger

The Life Divine, Sri Aurobindo, Sri Aurobindo Ashram Trust, 2006

Becoming One – The Psychology of Integral Yoga, A Compilation from The Mother`s Writings and quotes from Sri Aurobindo, All India Press, Pondicherry, 2008

The Secret of the Veda, Sri Aurobindo, Sri Aurobindo Ashram Trust, 1956, 1998

Tibetan Yoga and Secret Doctrines, W.Y.Evans-Wentz, Oxford University Press, 1935, 1968

Aquarian Teacher, Teacher Training Manual Level I, Kundalini Research Institute Internat., Yogi Bhajan, Ph.D. 2003

Authentic Relationships, Teacher Training Manual Level II, Kundalini Research Institute Internat. Yogi Bhajan, Ph.D. 2006

Meditations for the New Millennium, # NM0382, Kundalini Research Institute

Kundalini Meditation, taught By Siri Singh Sahib Bhai Sahib Harbhajan Singh Khalsa Yogiji, # 46, 6/14/1978

Breathwalk: Breathing Your Way to A Revitalized Body, Mind and Spirit, Gurucharan Singh Khalsa and Yogi Bhajan, Juni 2000

I Am a Woman Yoga Manual, Yogi Bhajan Ph.D.

The Mind – It`s Multiple Facets and Projections, Yogi Bhajan Ph.D.